みちょぱのPOPラストグラビア　最新サイズ表　スタイルキープのヒケツ

みちょぱスタ

ほどよい筋肉がついて引きしまった、メリハリBODYの
〝みちょぱ〟こと池田美優 チャ。POP読者だけじゃなく、同世代モデルからも憧れられる
そのスタイル、いったいどうやって維持してるの!?
今回はみちょぱBODYのすべてを徹底的に見せちゃうよ♡

撮影／伊藤翔　ヘアメイク／YUZUKO　スタイリスト／都築茉莉枝（J styles）　撮影協力／AWABEES
●掲載商品の問い合わせ先は P.128 にあります。

ブラトップ¥5389、シ
ョーツ¥4309、ショー
トパンツ¥14029／以
上ジェイダ渋谷 109 店
パーカ／スタイリスト
私物

細ければいいってわけじゃない
キュッとしたメリハリが大事

水着¥16200／Ai pink
（三愛水着楽園）ピ
アス¥756／クレアー
ズ 原宿駅前店 サ
ンダル¥9612／アン
ビー

そんなとこまで
測るの〜!?

直筆コメントつき

みちょぱの
最新サイズ！！

「測るってわかってたらもうちょっとしぼってきたのに！」といわれながら細部までぬきうちで計測した、みちょぱの最新サイズ表を大公開!!

▷気になってる
部位はどこ？

なし!!!

ないもんは左い!!!
自分のこは自分が1番好きになるのが
あたりまえ。

コンプレックスゼロの
スーパーBODY君臨

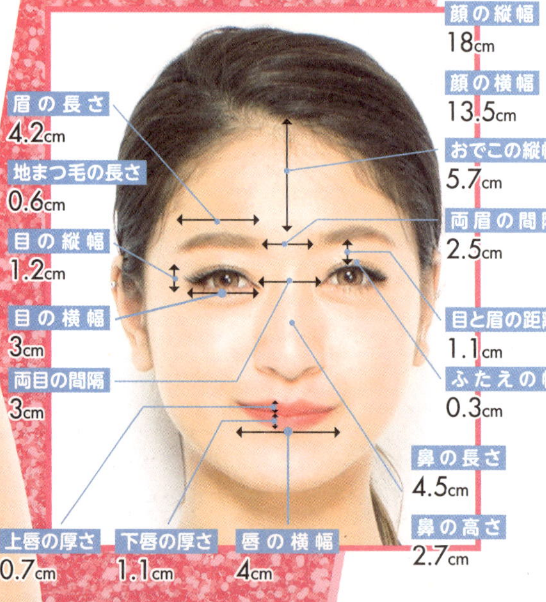

顔の縦幅
18cm

顔の横幅
13.5cm

眉の長さ
4.2cm

地まつ毛の長さ
0.6cm

目の縦幅
1.2cm

目の横幅
3cm

両目の間隔
3cm

おでこの縦幅
5.7cm

両眉の間隔
2.5cm

目と眉の距離
1.1cm

ふたえの幅
0.3cm

鼻の長さ
4.5cm

鼻の高さ
2.7cm

上唇の厚さ
0.7cm

下唇の厚さ
1.1cm

唇の横幅
4cm

6

食事は好きなものを食べる でも食べすぎない!!

食べるものは制限しないけど、食べる量には注意してるみたい！とはいえ、ムリやガマンとは無縁の食生活だった!!

「とくに意識してない」＝何もやってない ってことじゃない！

みちょぱスタイル キープのヒケツ

「何もやってない」っていうみちょぱだけど、"特別に"やってることがないだけ。つまり、生活習慣で体型が維持されてるってこと!!

「ちょっと丸くなったかな？」と思ったらご飯の量を減らす
「全部ガマンはムリだから、夜ごはんのお米を半分にする。早めに対策とれば太らない」

毎日ほぼロケ弁だからせめて野菜から食べる
「テレビのお仕事が増えてロケ弁続き。太りやすいっていわれてるから、食べ順は意識!!」

大好きなカフェオレは一日2杯まで
「甘いもので唯一カフェオレは好き♥ 飲みすぎはやばいから、一日2杯って決めてる」

R-1は冷蔵庫にストック
「R-1は毎日飲むから冷蔵庫にストックしてる。こいつのおかげもあって毎日快便だよ★(笑)」

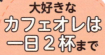

お菓子は自分で買わない
「もともとそんなに好きじゃない。お菓子を食べるくらいなら、ご飯を食べたいもん!!」

間食せずにおなかいっぱい食べる
「1回のごはんは、しっかり、満腹になるまで食べる。大食いとは思わないよ、量はふつう」

22時以降は食べない
「テレビのお仕事で終わりが22時すぎそうなら、収録まえにごはんを食べるようにしてる！」

休みの日は1食が多い
「ほとんど寝て一日が終わる(笑)。起きてすぐっておなかすかないしね。寝てるほうが好き！」

なるべく野菜を食べる
「脂っこいものばっかだとダメだなって思うから。例えば吉野家でサラダをつけたり、ね！」

好きな食べ物は米♥麺♥肉!!

「肉とか、かたいものが好きだから小顔効果もあるのかな(笑)。しっかりかんで食べてるよ」

いちずだから(笑)運動は ずーっとYouTubeで見た筋トレ!!

「最近サボってるからプニってる」っていうけど、縦スジがキレイな腹筋は、3年以上まえからコツコツ続けた努力の証し♥

下腹部を集中的にトレーニング

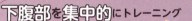

「お尻だけが床についているよう、体をV字にした状態で脚を上下させる。背中はまっすぐ!」

「あお向けに寝て、脚を上げ、クロスさせる。上になる脚が左右交互に替わるように動かすよ」

↑「あお向けに寝たら、脚を浮かせた状態でひざを曲げ伸ばし。ケータイいじりながらやれるとこが◎」

走るのはめんどうだからしない

「ジムに行っても走ることはしない。めんどくさいと思うことは、必要がなければやらない!」

日常生活は毎日スッキリリセット!!

ストレスも老廃物もためこまない健康的な生活が、ヘルシーBODYをつくるいちばんのヒケツかも! 毎日ハッピー♥

ボディーラインの見える服が好き♥

「ワイドパンツとかデブのもとだからね! 好きな服を着るには似合う体がいいじゃん!!」

日サロで見た目を引きしめる

「肌を焼いてるのも細見え効果かも? 白はぼうちょう色っていうとゆらのに怒られる」

べつに見た目のためじゃないけどね!

うんこは一日3回

「まえは一日5回だったけど、忙しくなって、トイレにこもる時間が減っちゃった(笑)」

お風呂場で全裸チェック

「毎日体型は気にしてる! 顔が丸くなると、ママも指摘してくれるからありがたい♪」

体重よりも見た目が大事!!

いつもヒールをはいてる

「単に好きだからっていうのもあるけど、脚がキレイに見えるし、脚筋が鍛えられる♥」

よくしゃべって表情筋を使う

「友だちとしゃべって笑ったり、ふざけたりしてるから表情筋は動くほうだと思うよ!」

ストレスはたまらない(笑)

「ストレスをためない、っていうかたまらない。だいたいのことは寝たら忘れちゃう!(笑)」

「もちろん変顔も♥」

ドーン

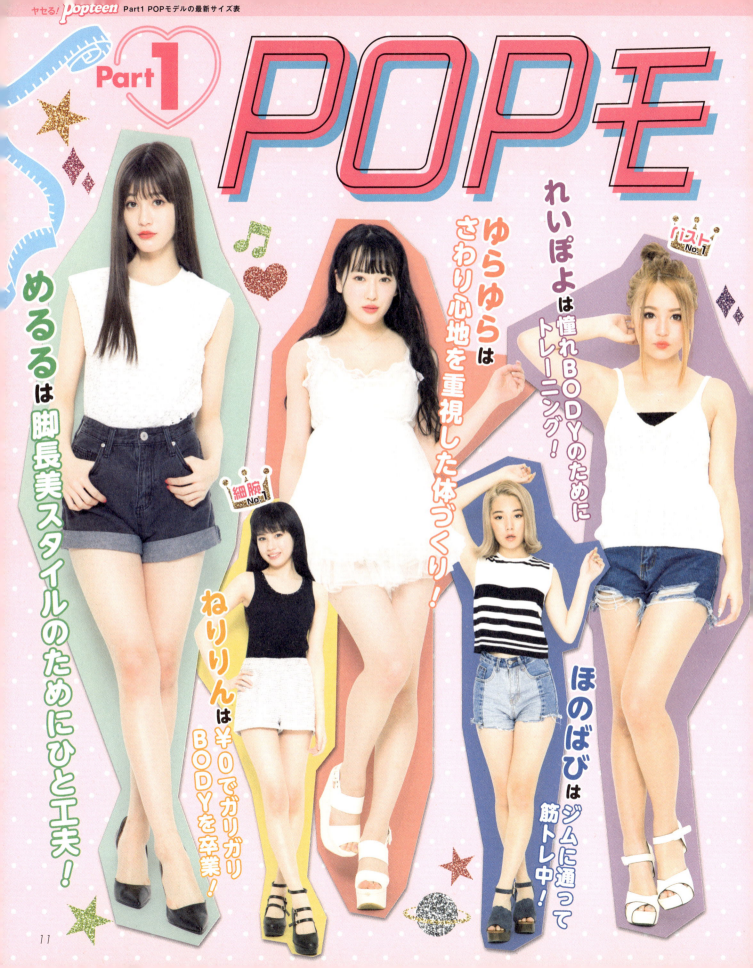

鶴嶋乃愛チャンは意志を強く持って食べすぎない！
のあにゃん

好物は甘いものとジャンキーなもの♥ 食べたいものを食べて生活してるのあにゃんは食事量に注意してる！

3 大事な撮影のときは食べない！

「じつはきのうから何も食べてない。サイズをはかるっていわれたからベストをつくした!!（笑）」

2 どうしてもヤケ食いしたい日はフルーツ

「ヤケになってるときはいちごやりんごを食べる。ジャンクフードのドカ食いよりはマシかと思って！」

1 一日のなかでバランスをとる

「例えば、お昼におっきなパフェを食べたら、夜はココアだけにするとか。いっぱい食べすぎないってことには気をつけてるよ！」

全身サイズ

- 身長 163cm
- 体重 44kg
- 首まわり 29.5cm
- 首の長さ 9cm
- バスト 77cm
- ウエスト 59.5cm
- 二の腕 22cm
- 腕の長さ 63cm
- 手首 14cm
- ヒップ 85.5cm
- 太もも 45.8cm
- また下 77.5cm
- ひざ下 37cm
- ふくらはぎ 30cm
- 足首 18.9cm
- 靴のサイズ 23.5cm

4 セルフマッサージでコリを取る

3「頭皮もコリかたまると顔がむくむから、グリグリやる！刺激を感じるくらい、気持ち強めに♪」

2「鎖骨まわりは毒素のゴミ箱だから、人さし指と中指の第2関節ではさんで外に向けて流すよ」

1「首が長いから肩がコリやすい。顔がむくまないよう、首から肩に向けて手をグーにして押し流す」

5 おなかに力を入れて生活する

「おなかを引きしめたいけど、筋トレは難しいから、気づいたときにおなかをへこませてる♥」

6 テレビを見ながらストレッチ

「横向きに寝て、下の脚を上下する運動。テレビを見ながら15回×3セットやってるよ♥」

「コンプレックスははない！悩んでもしかたないし、それも自分だから。一時期嫌だった丸顔も、可愛らしいって思えるようになったよ♪ 女の子らしいやわらかさはつねに意識♥」

食べないストレスには勝てないから調節する!!

のあにゃんのモットー

ダイエットで今の自分をもっと"キラキラ"させて女の子を精一杯楽しもう♥

鶴嶋乃愛

ヤセる！Popteen Part1 POPモデルの最新サイズ表

中野恵那チャンはプリッとしたマシュマロBODYに改造中!
ちゃんえな

ネットやK-1選手の彼氏・蓮クンの情報をもとに、ほどよく引きしまった女性らしい体型づくりに励んでるところ!!

全身サイズ

- 身長 157cm
- 体重 39kg
- 首まわり 29cm
- 首の長さ 9cm
- バスト 73cm
- 二の腕 22.8cm
- 腕の長さ 64cm
- 手首 14cm
- ウエスト 57.5cm
- ヒップ 84.5cm
- 太もも 40.8cm
- また下 73cm
- ひざ下 37cm
- ふくらはぎ 30cm
- 足首 18cm
- 靴のサイズ 22.5cm

「いまさら、マシュマロBODYにめざめた(笑)。筋肉質な体は恵那には向いてないと思ったから、いいかんじのプリッとした体になりたい。そのためには筋肉も必要なんだけどね♥」

2 エクササイズ＆マッサージでくびれづくり

「わき腹を伸ばすといいらしい。脚を肩幅に開き、両手を前に伸ばしたら、左右各10回、上体を90度ひねる!」

「バイビーを塗ったら、くびれたい部分のお肉を後ろから前にもってくる。左右各10回を目安に、念入りに力を込めて!」

4 毎日入浴して体を冷やさない

「体が冷えてるとヤセにくくなるから、毎日30分お湯につかる。湯船の中では脚をマッサージしてるよ!」

6 飲み物は常温の水!

「常温の水や白湯(さゆ)を飲む習慣をつけてから、むくみにくくなった! やっぱり体を冷やすのはあかんな～!!」

冷えを解消したら憧れ体型に一歩近づいた♥

1 イソフラボンを多めに摂取

「豆乳や納豆、豆腐など、女性ホルモンにいい"大豆イソフラボン"を含む食材を食べる!」

3 股関節のストレッチをする

「股関節がかたいと女性ホルモンが乱れるんだって。脚を大きく開いて腰を落としたら上体を斜め前にねじる♪」

5 蓮クン直伝の筋トレで体を引きしめる

「うつぶせに寝て、脚を肩幅に開き、お尻に力を入れながら片脚ずつ上げて各5秒キープ。お風呂あがりにやるよ」

「スクワットもお風呂あがりに30回やってるよ! 簡単やし、下っ腹に効くし、脚もキレイになった♥」

ちゃんえなのモットー

食べるのは一瞬の幸せ。
痩せるのは一生の幸せ。

越智ゆらのチャンはモチッとした質感を重視してる!!

ゆらゆら

こだわりの強いゆらゆらは、理想の"モチモチBODY"のためにいろいろ試し、自分なりのルールを見つけてる♥

3 食物せんいで便秘知らず

「スイーツをつくるときは大豆粉やおからを使って意識的に食物せんいをとるようにしてる!! お通じはいい♪」

2 ひとりのときはサラダ

「"サラダストップ"とか専門店に行くことも♪ 友だちといるときは好きなものを食べたいから調整。サラダ自体好きだから苦じゃないよ。つい食べるのに集中して、こんな写メしかない(笑)」

1 湯船に2時間つかる

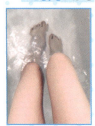

「熱めが好きだから42℃。iPadで映画やドラマを見てるとあっという間。入浴中は汗をかくから水を1ℓくらい飲むよ」

全身サイズ
- 身長 162cm
- 体重 46.5kg
- 首まわり 30cm
- 首の長さ 9cm
- バスト 78cm
- ウエスト 62cm
- 二の腕 24cm
- 腕の長さ 64cm
- ヒップ 88.5cm
- 太もも 49cm
- 手首 14cm
- また下 78.5cm
- ひざ下 45.5cm
- ふくらはぎ 32.5cm
- 足首 20cm
- 靴のサイズ 24cm

4 リラックスタイムの簡単脚マッサージ

4.「内ももぞうきんしぼり! やりすぎるとアザになるから両脚5分で簡単に♪」
3.「ひざ上のお肉を落とす気持ちで、両手でひざをつつんだら下に手をスライド」
2.「手をグーにしたら、ふくらはぎの両サイドをはさんでさすり上げていくよ!」
1.「保湿のために全体にクリームを塗ったら、ふくらはぎのお肉をねじり上げる」

「ボディークリームをその日の気分で選ぶのも楽しい♥ 香り重視でセレクト♪」

6 つきやすい顔の肉にはマッサージとエクササイズでアプローチ

「体はモチッとしてるけど、顔はシュッとしてるのが理想。お肉がつきやすからこまめにケア!!」

湯船の中で / **朝起きたら**

「上を向いて舌を出してあごのストレッチ! お風呂に入りながらこっそりやる(笑)」
「朝起きたら、むくみを取るために顔マッサージ。ほおのあたりをグリグリするよ」

5 家では薄着だから体型の変化に気づきやすい

「家ではTシャツに下着だけ。ちょっと太ったなと思ったら食事量を減らすようにしてる♪」

7 甘いものはドリンクならOK♥がマイルール

「脂質で太る体質だから、スタバなら無脂肪乳に。大好きなアイスだけは、朝ならセーフってことにしてる♥」

ストイックにやるのは向いてないからゆるく♥

「もうちょい細いほうがいいかなーとは思ってるけど、ちょっとモチッとしてるくらいが可愛いと思う♥ 一時期ジムに行ってたけど筋肉のかんじが理想と違ったからやめた!」

ゆらゆらのモットー

女の子なんだから、見た目よりも触れた質感

ゆらゆら

ヤセる！Popteen　Part1 POPモデルの最新サイズ表

生見愛瑠チャンは脚を細く長く見せるためにこっそり努力★

めるる

ミニボトムからスラッと伸びる脚がトレードマークのめるるだけど、その美脚は努力と偽装(笑)でつくられていた！

全身サイズ

- 身長 165cm
- 体重 43.5kg
- 首まわり 28.5cm
- 首の長さ 9.8cm
- バスト 76.5cm
- ウエスト 59.8cm
- ヒップ 89.4cm
- 二の腕 19.6cm
- 腕の長さ 68cm
- 手首 20cm
- 太もも 42.5cm
- また下 79cm
- ひざ下 37.7cm
- ふくらはぎ 31.2cm
- 足首 20cm
- 靴のサイズ 24.5cm

しいていうならもう少し色白になりたい!!

「体型の悩みはない！野菜を食べずに甘いものばっか食べると体の重さを感じるから、そういうときは調整するかな。ヒールはいたときにふくらはぎがボコッとなる体に憧れる」

2 むくみを取るためゴリゴリマッサージ

④「ひざ裏もゴリゴリがなくなるまで刺激。ヘアメイクさんに教えてもらったマッサージだよ」

③「ふくらはぎはアキレスけんにそって、1回流す。力を入れて、足首からひざ裏方向へ♪」

②「くるぶしのまわりにある、むくみのツボを、ゴリゴリがなくなるまでひたすら刺激★」

①「お風呂あがりにやってるよ！　まずは手をグーにして、足裏を足先からかかとへ3回流す」

1 なるべく脚を出して生活する

「見られてる意識ができて、太れないなって気持ちになるから!!　脚が出るミニボトムが大好き♥」

4 一日3食食べる！

「ダイエットのために、一日2食にしてたころがあったけど、逆に太った。愛瑠には3食が合ってる♪」

3 できるだけ階段を使う

「なるべく動くようにしたいから！　エスカレーターのときも、右側の歩けるほうを選ぶ」

5 じつはインヒール入れてる(笑)

「じつは最近、ヒミツで4cmのインヒールを入れてる!!　ふつうに歩いててもふくらはぎが鍛えられるし脚長に見える」

6 着圧ソックスをはいてストレッチ

「あお向けに寝て、両脚を開くと筋トレ効果も♪　ヒマなときにやるようにしてる」

「着圧ソックスは太ももまである長いものを選ぶよ！　あぐらをかいたまま、上体倒して股関節を伸ばす♪」

8 家の中で汗をかく

「最近はYouTubeを見ながら、ベッドの上でエアなわとびを5分やる!!　たくさん動くように心がけてるよ」

7 出かけるギリギリまで着圧ソックスをはく

遅刻する〜

「寝相が悪いからか、朝からむくんでる(笑)。ロングパンツの日は着圧ソックスはいたまま出かけることも！」

めるるのモットー

継続は力になる

めるる

鈴木美羽チャンは毎日コツコツコンプレックスを解消！
みうぴよ

みうぴよは細さよりも見た目のバランス重視！ 気になるパーツをどうにかするべく日々努力を続けてる♥

3 毎日体重をはかる

「朝のトイレのあと、毎日同じタイミングで計測。ちょっとでもヤセてたら、テンションあがる。その日一日いい気分だよ♥」

2 テレビを見ながらレッグマジック

「まん中でキープする時間を長くすると負荷があがって効果的。疲れたら休みつつ、なるべくゆっくりやるよ！ 内ももに効く★」

1 寝るまえに腹筋50回

「30回ふつうの上体起こしをしてから、20回、脚を浮かせておなかをひねりつつ上体起こし。くびれが欲しいな〜♥」

全身サイズ
- 身長 160cm
- 体重 42.8㎏
- 首まわり 29cm
- 首の長さ 9.4cm
- バスト 77.4cm
- 二の腕 21cm
- 腕の長さ 67cm
- ウエスト 58.5cm
- 手首 13cm
- ヒップ 89.8cm
- 太もも 43.5cm
- また下 76.5cm
- ひざ下 36.8cm
- ふくらはぎ 29cm
- 足首 19.8cm
- 靴のサイズ 24.5cm

4 オイルを使ってひざまわりを重点的にマッサージ

2
「ふくらはぎを両手でつかんで、下から上へさすり上げる。お肉を持ち上げるイメージで強めに!!」

1
「まずは、人さし指の第2関節を、アキレスけんにそわせ、下から上にすべらせていくよ！」

使ってるのはコレ！

「ボディショップのスパフィネストーニングマッサージオイルを愛用中♥ いい香りでリラックスしながら、保湿もしっかり」

5
「ひざの裏もプッシュしたあと、内ももをぞうきんしぼり♪ 脚が赤くなるのを目安に片脚5分程度」

4
「ひざのサイドをプッシュしてツボを刺激。親指以外の指を当て、まんべんなくグッと押し込むよ」

3
「ふくらはぎの両サイドもマッサージ！ 手首と手の境目あたりをすべらせて、さすり上げる♪」

8 脚を上げてむくみ取り

「着圧ソックスをはいて脚を上げ、むくみ取り。脚をピッタリつけるとO脚改善にいいとウオーキングの先生にいわれて意識してる！」

7 リズムに合わせてねじりダンス

「NICO Touches the Wallsの『手をたたけ』のリズムに合わせて、ひじと反対側のひざをくっつける動きを左右交互にやってる★」

5 お菓子を食べるならガム

「お菓子を食べるなら、なるべくガムか梅系！ たくさんかむと、顔が小さくなりそうな気がして、もぐもぐする」

6 食べすぎた翌朝はスムージー

「マックスバリューで¥98のスムージーは値段も量もちょうどよくお気に入り」

キレイな印象をもたれるしまった体になりたい！

「O脚、太ももが太い、ひざ上の肉がもたつく、胸がない、二の腕が太い…気になるところはたくさんある。細いっていうよりは、キレイになりたいかな♪ できることをやる♥」

みうぴよのモットー

ダイエットすれば
身も心も輝ける!!!

鈴木美羽

16

Part1 POPモデルの最新サイズ表

土屋怜菜チャンは夏に向けてみちょぱみたいな腹筋を育成中♥
れいぽよ

夏を意識した体づくりを早くもスタートしてるれいぽよ。めざすはみちょぱみたいな縦スジ入りのキレイな腹筋！

全身サイズ

- 身長 156cm
- 体重 44.6kg
- 首まわり 29.5cm
- 首の長さ 9cm
- バスト 80cm
- 二の腕 22cm
- 腕の長さ 63cm
- 手首 14.5cm
- ウエスト 62cm
- ヒップ 85.6cm
- 太もも 43cm
- また下 77cm
- ひざ下 36cm
- ふくらはぎ 33cm
- 足首 20cm
- 靴のサイズ 23.5cm

今年はプニプニしたおなかを卒業するぞ！

1 週に1回 1時間 半身浴
「きまりごとにしないと続けられないタイプだから、週に1回は湯船につかるようにしてる。まえより代謝があがって汗をかきやすくなった」

2 毎日 上体起こし30回
「ソファか妹に脚を押さえてもらって、お風呂あがりに上体起こしを30回。目標はみちょぱ″!!」

3 家族と一緒にランニング
「ママが夏に向けたダイエットで走ってるから、ついてってる(笑)。終わったあとは筋肉痛にならないようにストレッチ」

4 ケータイいじりながらリファでコロコロ
「気になるエラの肉は〝なくなれ！〟って思いを込めてコロコロ。ヒマなときになるべくやってる」

5 週に1回好きなものを食べていい日をつくる
「ふだん、サラダや豆腐をメインにしてるから週に1食は好きなものを食べていいことにした♥」

6 お風呂あがりに太ももマッサージ

① 「まずは両手で太もも全体をもみほぐす。お肉がやわらかくなってるほうがマッサージの効果が高いからね♪」

② 「次に右手と左手をたがい違いに動かして、太ももの肉をしぼっていく。タオルをしぼるようなイメージ!!」

③ 「手をグーにして、ポコポコたたいて太ももを刺激！ もっとお肉をやわらかくするためにやってるよ」

④ 「最後にリファでコロコロ。顔と脚、両方に同じコロコロ使うのどうなのっていわれるけど、ウチは気にしない」

7 近所のジムで運動習慣！
「行けるときに行って、月に4回くらいかな。ランニングしたあと、筋トレマシーンでおなかを重点的に体を動かしてる！」

市営のだから安いよ！

「週1で食べたいものを食べるようになってから、食欲をセーブできるようになった。食べ放題はがんばりがムダになるから行かない！ 夏に向けて腹筋の準備を始めたよ♪」

れいぽよのモットー

食べないでヤセるんじゃなく動いてヤセろっ！！

浪花ほのかチャンはジムに通ってボディーラインを引きしめ！

ほのばび

ジム通い&バイト先のサラダボウルで、ムキムキすぎないヘルシーなボディーラインに変化している途中♪

3 ワイルドライスを食べる

「外国で流行ってる、アメリカマカモの草の実。見た目はアレやけど食べやすくておいしい♥ カロリーは白飯の1／2！」

2 バイト中こっそりストレッチ

「接客バイトでヒマなときは、座ったまかかとを上下して足首をストレッチ。たまに浮かせたりもしてる♪」

1 週3回ジムで1時間筋トレ

「トレーナーさんについてもらって筋トレをしてる。やりすぎるとムキムキに太くなるから注意するよ！」

全身サイズ

- 身長 157cm
- 体重 41.8kg
- 首まわり 29cm
- 首の長さ 8.5cm
- バスト 76.5cm
- 二の腕 23cm
- 腕の長さ 65.5cm
- ウエスト 58.5cm
- 手首 13.5㎝
- ヒップ 84.5cm
- 太もも 47cm
- また下 69cm
- ひざ下 35.5cm
- ふくらはぎ 31.7cm
- 足首 19.6cm
- 靴のサイズ 24cm

がんばったら脚が引きしまってきた♥

「ジムに通ってダイエットしてるところ！最近は少し脚が引きしまってきて、効果が実感できたから、ますますやる気が出た♥ 食事制限はリバウンドしやすいからやらないよ」

4 家でもお尻と太もものトレーニング

「片ひざを床につけて腰を落とした状態から、まっすぐ立ち上がる。ひざを痛めないようにひざ下にタオルをしくよ。30回×2セット」

「スクワットはお尻をプリッとさせながらまっすぐ腰を落とすのがポイント。30回×2セット」

「あぐらをかいた状態であお向けに寝たら、お尻をグッと持ち上げる。手の力ではなく、お尻の力を使うよ。20回×2セット」

❼「壁に手をつき、脚を斜め後ろに思いきり振り上げる。左右各20回×2セット」

6 お手伝いしながら脚上げ

「ママのお手伝いをしてる間も♪ながら、でトレーニング♪ 料理しながら脚を上げたり、つま先立ちして脚を鍛えてるよ！」

5 寝るときは着圧ソックス

「ズボンが肌にふれるのが嫌いだから、寝るときはTシャツとパンツと着圧ソックス(笑)。長めのタイプでしっかり圧をかける」

8 プロテインを飲む

「お肌がモチモチになるし、ダイエットにもいいから、朝、プロテインをとる。運動のまえはたんぱく質を摂取！」

7 脚をくっつけてピンッと立つ

「最近、姿勢を気にするようになった！ ネコ背やと脚も短く見えるし、スタイルよく見えるように脚をそろえて立ってる♪」

ほのばびのモットー

ダイエットは自分で叶えられる夢

ほのか 浪花。

ヤセる！**Popteen** Part1 POPモデルの最新サイズ表

丸山蘭奈チャンはどんな服も着こなすモデル体型をめざしてる！
らにゃ

食べることが好きで、動くのは嫌い…隠れズボラのらにゃは、〝食事調整〟をキーワードにしてムリなく美スタイルに♥

全身サイズ

- 身長 163cm
- 体重 46kg
- 首まわり 30cm
- 首の長さ 8.5cm
- バスト 76.2cm
- 手首 14cm
- 二の腕 24.4cm
- 腕の長さ 68.3cm
- ウエスト 62.2cm
- ヒップ 87.3cm
- 太もも 45.7cm
- また下 79.3cm
- ふくらはぎ 32.3cm
- ひざ下 39cm
- 足首 19.4cm
- 靴のサイズ 23.5cm

去年の夏の43kgに戻すのがいまの目標！

「ムリなダイエットを続けた結果、代謝がさがったうえに現在停滞期…。ママにはまえよりスッキリしたっていわれたから、その言葉を信じてがんばる。めざすは去年の夏の体型だよ!!」

3 お菓子を食べるなら15〜17時！
「食べたものが消化されやすい時間帯らしい。食べるならチョコは3粒、グミは5粒まで！」

2 YouTubeで見た背を伸ばすストレッチ
「165cmになりたいから、背中をそってあお向けに寝て、足を左右に動かすストレッチをやってる」

1 ムリな食事制限はやめた！
「〝●日までに●kg落とす〟っていう食事制限を続けてたら、反動で食べちゃってもとに戻らなくなってきたから、一日のなかで調整するクセをつけた」

5 日常生活で運動量を増やす
「運動は好きじゃないからわざわざやらない。帰りに1駅ぶん歩くとか、体育をがんばるくらいかな！」

4 朝ごはんはしっかり食べる
「一日のパワーになるから、朝からガッツリ！前日の夜、食べすぎたときはスムージーにする」

6 入浴剤に癒やされながら45分全身浴
「通学カバンが重くて肩コリがひどいから41℃のお湯でリラックス。入浴剤は香りのいいものを気分で選ぶ」

8 サラダにはポン酢！
「ドレッシングはカロリーが高いからポン酢！こういうちょっとしたことでも、積み重ねが大事だからね♪」

7 スキンケアまえに舌まわし
「お正月についたほっぺの肉がまだ取れないから（涙）、毎日10回舌まわし。がんばるときは30回やるよ！」

らにゃのモットー

努力は自信につながる！
Rana

東海林クレアチャンはストレスゼロ生活でメリハリを出したい！

くれたん

身長が低いことはあいかわらず悩みの種だけど、最近は幼児体型からの脱却をはかるべくウエストに注力してる！

1 くびれをつくるためのエクササイズ

その4「よつんばいで、ひざを90度に曲げたまま浮かせ、斜め後ろに足をもっていく。どの動きをするかも気分で決めるよ♥」

その3「あお向けに寝て、ひざを90度に曲げ、そのまま脚を浮かせる。そこからひざの曲げ伸ばしをすると下っ腹に効く」

その2「ソファに脚をかけながら、ねじって上体起こし。たくさん動いた日は回数少なめでOKってことにしてる★」

その1→「ネットで見かけたエクササイズ。よつんばいになったら、片脚を伸ばした状態で上げ下げ。その日の体調でやれる回数をやる！」

2 お風呂あがりに股関節のストレッチ

「壁に脚を立てかけ、壁と自分の距離をどんどん近づけていく。近ければ近いほどGOOD★」

→「バレエは体幹にも姿勢にも効果的。股関節がかたいとひざに負担がかかるからしっかり伸ばすよ」

「またバレエを再開したいなと思って始めた。ひざを曲げたまま円を描くように股関節を伸ばす」

3 寝るまえに好きな曲を聴いて心をクリアにする

「ストレスがたまるとたくさん食べちゃうし、考えすぎて寝不足になるとむくむし。心がいちばん大事!! 毎日気持ちをリセットするよ」

4 太ったかも…と思ったら体重計で確認

「お風呂のときに全身鏡を見て、太ったかもと思ったら数値をチェック。ジャンキーなものを控えるとすぐに戻る♪」

全身サイズ
- 身長 150cm
- 体重 35kg
- 首まわり 27.8cm
- 首の長さ 8.5cm
- バスト 73cm
- 二の腕 20.8cm
- 腕の長さ 64cm
- ウエスト 58cm
- 手首 13cm
- ヒップ 82cm
- 太もも 41cm
- また下 70.2cm
- ひざ下 36.8cm
- ふくらはぎ 27.5cm
- 足首 18cm
- 靴のサイズ 22.5cm

つらくてストレスになることはしない！

「身長が高くて、筋肉がキレイなローラが憧れ。いま気になるのはウエスト。バストはふつうくらいあればいいから（ふつうもないけど）、くびれをつくってメリハリを出したい」

くれたんのモットー

心をクリアにしないとダイエットも何もないよ‼

ヤセる！Popteen Part1 POPモデルの最新サイズ表

竹内鈴音チャンはお金をかけずに脱ガリガリBODY！

ねりりん

絶賛成長期中のねりりんは、身長が伸びることを期待しつつ、健康的な体つきをめざして奮闘してるところ♪

全身サイズ

- 身長 156cm
- 体重 38kg
- 首まわり 28.5cm
- 首の長さ 7cm
- バスト 75cm
- 手首 13cm
- 二の腕 19.5cm
- 腕の長さ 66cm
- ウエスト 58.5cm
- ヒップ 82.5cm
- 太もも 40cm
- また下 76cm
- ひざ下 38cm
- ふくらはぎ 28.4cm
- 足首 17.8cm
- 靴のサイズ 23.5cm

「まわりから心配されることはあっても、憧れられるようなヤセてる体じゃないから嫌。出てるところは出てないとって思うからお尻が気になる！太ももも健康的になりたい」

ヤセてるっていうかただのガリガリ…(涙)

3 乾電池でツボ押し！

「乾電池のボコッとなってるところが、ツボにちょうどいいなと思って！首スジは単1電池でほぐす」

2 キツイ体勢でゴロゴロ

「壁に脚を立てかけてお尻を浮かせながらケータイをいじる。下っ腹に効くよ。つらくなったら休憩して再開」

1 くびれメイクとバストアップを同時に！

「時間があるときは、腰をひねってくびれづくり♥両手を押し合いながらやると美乳になれるって聞いて同時にやってる」

5 ふくらはぎの骨のキワをマッサージ

「ニベアのクリームはのびがいいから、少量ですむぶん、コスパが高くてお財布にやさしい♥」

「指の第2関節を、骨のキワに当てたら、足首から上に向けてすべらせていく。20回くらいやるよ！」

4 2重アゴ防止に顔マッサージ

「鎖骨は親指とそれ以外の4本の指でつまんでもみほぐす。これも10回くらいが目安♪鎖骨をもむのを忘れないで！」

「テレビで見たマッサージ法。手をグーにしたら、指の第2関節で耳下を10回グリグリして、首スジを10回流す」

6 8時間以上寝る

「8時間以上寝ると身長が伸びやすいってウワサを信じて夜はサッサと寝る。160cmは欲しいんだよな〜」

8 イスに深く座ってネコ背を直す

「ネコ背も身長が伸びない原因になるらしいから、姿勢を改善中。イスに座るときは背もたれを使って、強制的に背スジを伸ばす(笑)」

7 たんぱく質をしっかりとる

「食べないのは逆効果。バランスのいい食事が大切！お肉も積極的に食べるよ♥夜遅くならないように、時間には気をつけてる」

ねりりんのモットー

無理はしないで少しずつ!!

ねりりん

身長別 理想のサイズ表

自分の体型って世間的にどうなの？ 身長で見極める理想のサイズ計算式を紹介。
自分のサイズと理想のサイズを比べて現状をしっかり把握することからダイエットをスタート！

撮影／伊藤翔　撮影協力／東京ビジュアルアーツ専門学校(特殊メイク学科)

足首＝身長×0.12	ふくらはぎ＝身長×0.21	太もも＝身長×0.3	ヒップ＝身長×0.54	ウエスト＝身長×0.38	バスト＝身長×0.53	体重＝身長×身長×19÷10000

足首はいちばん細いところを測ろう♪ 足の裏はきちんと床につけて、足首を90度にした状態で測ること!!

ふくらはぎの中でもいちばん太い部分を測るのがポイント★ 座って測るより、立ったほうが正確な数値に。

足のつけ根から約3cm下の位置が、太もも。メジャーは水平にして、しめつけないようにして測るのが◎。

お尻のいちばんふくらんでいるところにメジャーを合わせ、床と水平になるようにぐるっと1周させよう♪

ウエストの位置は、いちばんくびれてる部分。細くサギりたいからって、おなかをヘコませるのは反則！

バストは、まっすぐ立っていちばんふくらんでいるところを測る★ つぶれないようにそっと測ってね！

この計算式は、女のコが魅力的に見える美容体重の算出法♥ 標準体重は19を22にして計算すればOK!!

理想のサイズ早見表!!

計算するのめんどくさーいってコのために(笑)

体重から足首まで、身長別に計算した結果がこちら★
※小数点以下は、小数点第二位を四捨五入しています。

	148cm	147cm	146cm	145cm	144cm	143cm
体重	41.6kg	41.1kg	40.5kg	39.9kg	39.4kg	38.9kg
ウエスト	56.2cm	55.9cm	55.5cm	55.1cm	54.7cm	54.3cm
バスト	78.4cm	77.9cm	77.4cm	76.9cm	76.3cm	75.8cm
太もも	44.4cm	44.2cm	43.8cm	43.5cm	43.2cm	42.9cm
ヒップ	79.9cm	79.4cm	78.8cm	78.3cm	77.8cm	77.2cm
足首	17.8cm	17.6cm	17.5cm	17.4cm	17.3cm	17.1cm
ふくらはぎ	31.1cm	30.9cm	30.7cm	30.5cm	30.2cm	30cm

	154cm	153cm	152cm	151cm	150cm	149cm
体重	45.1kg	44.5kg	43.9kg	43.3kg	42.8kg	42.2kg
ウエスト	58.5cm	58.1cm	57.8cm	57.4cm	57cm	56.6cm
バスト	81.6cm	81.1cm	80.6cm	80cm	79.5cm	79cm
太もも	46.2cm	45.9cm	45.6cm	45.3cm	45cm	44.7cm
ヒップ	83.2cm	82.6cm	82.1cm	81.5cm	81cm	80.5cm
足首	18.5cm	18.4cm	18.2cm	18.1cm	18cm	17.9cm
ふくらはぎ	32.3cm	32.1cm	31.9cm	31.7cm	31.5cm	31.3cm

Popteen Part1 POPモデルの最新サイズ表

	160cm	159cm	158cm	157cm	156cm	155cm
体重	48.6kg	48kg	47.4kg	46.8kg	46.2kg	45.6kg
ウエスト	60.8cm	60.4cm	60cm	59.7cm	59.3cm	58.9cm
バスト	84.8cm	84.3cm	83.7cm	83.2cm	82.7cm	82.2cm
太もも	48cm	47.7cm	47.4cm	47.1cm	46.8cm	46.5cm
ヒップ	86.4cm	85.9cm	85.3cm	84.8cm	84.2cm	83.7cm
足首	19.2cm	19.1cm	19cm	18.8cm	18.7cm	18.6cm
ふくらはぎ	33.6cm	33.4cm	33.2cm	33cm	32.8cm	32.6cm

	166cm	165cm	164cm	163cm	162cm	161cm
体重	52.4kg	51.7kg	51.1kg	50.5kg	49.9kg	49.2kg
ウエスト	63.1cm	62.7cm	62.3cm	61.9cm	61.6cm	61.2cm
バスト	88cm	87.5cm	86.9cm	86.4cm	85.9cm	85.3cm
太もも	49.8cm	49.5cm	49.2cm	48.9cm	48.6cm	48.3cm
ヒップ	89.6cm	89.1cm	88.6cm	88cm	87.5cm	86.9cm
足首	19.9cm	19.8cm	19.7cm	19.6cm	19.4cm	19.3cm
ふくらはぎ	34.9cm	34.7cm	34.4cm	34.2cm	34cm	33.8cm

	169cm	168cm	167cm
体重	54.3kg	53.6kg	53kg
ウエスト	64.2cm	63.8cm	63.5cm
バスト	89.6cm	89cm	88.5cm
太もも	50.7cm	50.4cm	50.1cm
ヒップ	91.3cm	90.7cm	90.2cm
足首	20.3cm	20.2cm	20cm
ふくらはぎ	35.5cm	35.3cm	35.1cm

	172cm	171cm	170cm
体重	56.2kg	55.6kg	54.9kg
ウエスト	65.4cm	65cm	64.6cm
バスト	91.2cm	90.6cm	90.1cm
太もも	51.6cm	51.3cm	51cm
ヒップ	92.9cm	92.3cm	91.8cm
足首	20.6cm	20.5cm	20.4cm
ふくらはぎ	36.1cm	35.9cm	35.7cm

中島健クン

Before After

ダイエットに成功したら恋もうまくいくかも♥

CONTENTS

- 002 みちょぱスタイルのすべて

- **Part 1 POPモデルの最新サイズ表** (010)
  - 022 身長別理想のサイズ表

- **Part 2 ヤセグセをつける編** (025)
  - 026 なちょすのデブグセリセット大作戦！
  - 030 きょうから始める〝ヤセグセ〟習慣!!
  - 032 良質な睡眠でヤセやすい体に♥
  - 034 コレがリバウンドしないダイエット！

- **Part 3 流行のダイエットキーワード編** (035)
  - 036 10代女子のための体幹リセットダイエット♥
  - 040 ヤセるスクワット

- **Part 4 部位別ダイエット編** (042)
  - 044 最強美脚のつくり方!!
  - 050 脚が細くなるくずしヨガポーズ
  - 052 モテ脚になれる4STEP部位別 むくみ取りマッサージ
  - 054 しなやかな鬼くびれをGETせよ★
  - 058 タイプ別 美尻トレーニング!!
  - 060 絶対小顔になれるセルフケア講座♥
  - 064 ふわふわバストの育て方♥
  - 066 夏の肌見せファッションを着こなす背中＆二の腕トレーニング!!

- **Part 5 食事編** (067)
  - 068 あらゆる手段で食欲をコントロールする！
  - 072 ワガママをかなえる低カロごはんレシピ
  - 076 ケトジェニックダイエット
  - 078 JKのラブ♥フードカロリー一覧表♥
  - 079 コンビニでどっちを選べば太らない？
  - 080 POPモデルの食べているもの5Daysレポート!!

- **Part 6 ダイエット体験談編** (081)
  - 082 憧れ体型になるためのダイエット体験談
  - 088 みんなのやってるダイエットランキング
  - 092 ダイエットテクのホント!? ウソ!?
  - 094 10日間ダイエットダービー

- **Part 7 ながらヤセ編** (095)
  - 096 パーツ別 ヤセ活スクール
  - 098 ゴロ寝しながら脚ヤセエクササイズ！
  - 100 お風呂でもっとヤセる!!

- **Part 8 即ヤセ編** (101)
  - 102 いますぐヤセるためにやること！
  - 104 むくみを取って見た目ー3kg!!

- **Part 9 運動編** (105)
  - 106 筋トレで美スタイルになる!!
  - 110 カロリー帳消し運動メニュー
  - 112 正しいランニングで細くなる!!

- **Part 10 サギヤセ編** (113)
  - 114 ヤセ見えテクで1mmでも細くサギる！

- **Part 11 マインド編** (121)
  - 122 ダイエットシートを書いてヤセマインドになろう!!
  - 124 メンズモデルからダイエットをがんばる女のコへメッセージ♥
  - 126 モチベがあがる20のダイエット格言

まちがったダイエットや極端な思い込みの連続で太り続けて、ついに**50kg**突破!!

なちょすの デブグセリセット 大作戦!

1年半で＋12kg! リバウンド女王

POPモデルデビュー時39kgで小顔代表だったなちょす。少しずつ太り始め、ダイエット企画の常連になるも、いっこうにヤセる気配がない…どころかついに大台突破!! さすがに編集部も見すごせないってことで根本から改善してこ!

撮影／伊藤翔

マインドコントロールした 世界にサラダチキンしかないダイエット
「1か月くらい、世の中に卵とサラダチキンしかないって自分にいいきかせて、それだけで生活した!!」

すぐに体重が戻った フルーツダイエット
「フルーツだけで生活する方法。4日くらいで2kg落ちたけど、ふつうの食生活に戻したらすぐ戻ってしまった」

\もうどうしたらいいのかわからん!/

効果が高かった バナナ&豆腐納豆 ダイエット
「好きな味で続けられたし、1週間で3kg減ったけど、だんだん食べる量をセーブできなくなって食べすぎた」

なちょすのダイエットヒストリー
なちょすが1年半で試したダイエット法をまとめてみたよ。どれも短期型のムチャなものばかり!

- 顔の縦幅 17.5cm
- 顔の横幅 13.4cm
- 首まわり 30cm
- 全身サイズ 身長 158.5cm
- 体重 50.7kg
- 二の腕 22cm
- バスト 81.5cm
- ウエスト 64cm
- 腕の長さ 65.8cm
- 手首 13.3cm
- ヒップ 94.5cm
- 太もも 47.5cm
- また下 76cm
- ひざ下 37.5cm
- ふくらはぎ 31.6cm
- 足首 19.7cm
- 靴のサイズ 23.5cm

徳本夏恵チャン

効果を実感できなかった 体幹トレーニング
「ジムの先生に教えてもらって、家でやってたけど、効果がわからなくてやめてしまった」

自慢の小顔もあご下に肉が…!

 ヒィーッ!

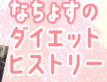

初めてやったのは レタス だけダイエット
「4日間レタスだけで生活したらヤセた。困ったらレタスにすればいいと思ってたら、リバウンドで1kg増」

いけると思った お菓子 だけダイエット
「ごはん代わりにお菓子を食べてた大阪時代を思いだしてやった。結果、お菓子を食べすぎただけ」

おなかまわりがおばちゃん!
バーン

ムチッ

二の腕のもりあがりがやばい!

いちばん最近失敗したのは 酵素断食
「3日で−3kg。終わったあとの食欲がすごくて、食べてもまた断食すればいいやって気持ちで暴飲暴食をくり返したら49kgになってた…」

POPの誌面でもいろんなことを体験したけど、**体重は増加する一方**
食事も運動も、いろいろやったけど、誌面での体重公開を始めてから、一度も減ることはなかった…。

このままじゃ **モデル生命の危機!**

食べたい気持ちを抑えきれなくて激太り
「食べないダイエットをくり返して、"もうカツ丼食べられへんのかな"とか思ったら、コンビニの前を通るだけですべて食べたくなったり、気持ちがおかしくなっていって、モチベーションが保てなくなった。ストレスで食べて、この1か月で激太り。いまが最高体重。最近は、変な食欲はわかなくなったけど、どうやったらヤセられるのかはわからないまま。ヤセたい気はあるんやけどな」

26

ヤセる! Popteen Part2 ヤセグセ編

というわけで ダイエットのプロになちょすのダメなところを 診断してもらいました!

何から始めたらいいのかもわからず、モチベも下がってるなちょすをダイエットのプロが緊急カウンセリング!

●教えてくれたのは
和田清香先生
自身の15kgヤセした経験と栄養学などの資格をもとに健康美を目的としたダイエットをトータルに提唱!

約1時間半 真剣に相談!!

なちょすのリバウンドはすべて 栄養不足 が引き起こしている!!

「なちょすッは栄養が偏りすぎ。たまにくる、異常な食欲も栄養不足からくる栄養失調が原因!」(和田先生)

ガーン

やっちゃってるダイエットのために全部ダメ!?

デブグセ カロリーは敵だと思ってる
「カロリーをとると太るから、焼き肉弁当についてたお肉を食べたら、サラダとかは食べない」(なちょす)
「代謝や脂肪燃焼を促す作用のある食材もあるから、カロリーだけを重視しては×」(和田先生)

デブグセ 一日1食でガマンしている
「食べたらあかんと思って、グッとガマン。ストレスたまってたまにバカ食いしちゃう」(なちょす)
「一日1食は力士と一緒。体が脂肪をためこもうとするので、3食食べることが大事」(和田先生)

デブグセ 丼ものが大好き

「最近はお昼は好きなものを食べるようにしてる。カツ丼やロコモコ…丼ものが好き!!」(なちょす)
「自炊ならきのこや野菜でかさまし、外食ならみそ汁など追加して栄養素をプラス」(和田先生)

デブグセ ついつい ながら食べをしちゃう
「買うと、すぐ食べたくなってしまう! 歩きながら、サラダチキンを食べることも多い(笑)」(なちょす)
「"ながら"食べは、脳が"食べている"と認識しづらく、満腹感を感じにくくなります」(和田先生)

いままでの誤ったダイエットの代償 代謝が悪すぎる!!

むくんでいるのもそのせい!

食べないことによって、体が省エネモードに入り代謝がダウン。食生活の乱れのせいで、生理も約1年とまってた…って健康にも悪すぎる!

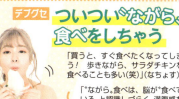

最近のなちょすはこんなことに悩んでる!

ツラいですー…

Q. 何なら食べてよくて、何を食べちゃダメなの?
A. **食べちゃダメなものなんてない!**
「食べる量やバランス、そのあとのすごし方を工夫すればいいだけの話」(和田先生)

Q. やっぱりダイエット自体は好きじゃなくて…
A. **自然に続けられることを見つけて!**
「いろいろ試して、自分の性格や生活に合うものを見つければ続くはず!」(和田先生)

Q. 体重が減らないと不安になる
A. **ダイエット=減量ってことじゃない**
「サイズダウンを目標にするべき。体重にこだわる考え方を改めましょう」(和田先生)

Q. 運動しようと思ってもプロセスが覚えられなくてモタモタしてしまう…
A. **短時間でできる運動をやろう!**
「集中したほうが運動効果が高いのは事実。5分でできるFAT5がオススメ」(和田先生)

デブグセ 外食が多い

「自分でつくるより、コンビニのもののほうが多い。夜ごはんはほぼサラダチキン!」(なちょす)
「加工食品は、栄養素が正しく吸収されにくいからオススメできません!」(和田先生)

デブグセ 姿勢が悪い
「直したいと思ってるんやけど、意識しないとネコ背になってしまう…」(なちょす)
「おへそを背中につけるイメージでいれば美姿勢に。二の腕のお肉もスッキリしますよ」(和田先生)

デブグセ 便秘ぎみ
「食物せんいをとってるようすがないので、腸内環境はだいぶ悪そうですね」(和田先生)
「うんちはほとんど出ない。3日くらいはふつう。もう慣れてしまった(笑)」(なちょす)

現状に対して理想が高すぎる	大きな変化をすぐに求めてしまう	根がマジメすぎ	極端なダイエットに走りがち
「目標をもつことは大事だけど、現実とかけ離れてると、いつまでも達成感を感じられず挫折しがち」(和田先生)	「突然1時間走ったところで、あしたいきなり細くなったりしません。すべて日々の積み重ね!」(和田先生)	「ダイエットに悪いといわれると"絶対ダメ"と思い込みがち。たまにはゆるく♪ メリハリが大事」(和田先生)	「単品ダイエットや食べないダイエットなど、続かない極端なものは太りやすい体質になって逆効果!」(和田先生)

こんなコは要注意!
なちょす的 デブ脳
なちょすに近い考え方のコは、ダイエットのための行動が裏目に出ている可能性大!!

27

楽しい生活 をおくるためのもの！

そもそもダイエットはヤセることが目的じゃなく、理想の"キレイ"を手に入れる手段！

ダイエット＝一生モノというマインドをもとう！

短期間で結果を求めるのは×。たしかに体重は成果としてわかりやすいけれど、いままでその考えで失敗してる＝まちがいだと認めましょう。

そういう考え方がいいとはわかってるけど…
やっぱり体重が気になっちゃうのはすぐには変わらないかな。でも、もう少し気楽に考えようとは思えたよ。ダイエットに対して前向きに考えられそう！

♥ いい変化に目を向けてあげる！
続けていくと、体質も改善されていくはず。冷えや便秘など、悩みが解消されることが、がんばった成果！

♥ 短期間で結果を求めない！
長いスパンで見ることが大事。1週間で達成できそうな小さな目標を2〜3コたててこまめに達成感を感じよう。

♥ 毎日体重計にのるのをやめる！
数字にとらわれすぎるくらいなら、体重をはかるのをやめてもいいかも。それより体のラインをチェックするべき。

食へのストレスが減ってドカ食いやめられそう
パンケーキもご飯も太るからダメだって思ってたし、食べちゃうたびに罪悪感を感じてた。ちゃんと調整できればいいんだってわかったら救われた気がする。

カロリーよりも品数を注意したバランスのいい食事をしよう！

"バランス"がいちばん大事！ 丼などの一品料理よりも、いろんなものを食べられる定食にするなど意識して♪

♥ 甘いものを食べたくなったらドライフルーツ
お菓子の代わりに、ドライフルーツを食べるのがオススメ。ほかにも、甘酒やデーツも栄養価が高いので◎!!

♥ ちょっとずつでもいろんなものを食べる
食材のもつ栄養素はそれぞれ違うから、たくさんの種類を食べれば、いろんな栄養をとれる！

♥ 食べすぎちゃったら次の日で微調整
食べすぎたら翌日の食事量を減らすなど、トータルで考えればOK。2日以内ならどうにかなる。

♥ カロリーよりも栄養素
注目するべきなのは栄養素。食べちゃダメとか食べなきゃダメと考えるよりも、これを食べると体にいいから…とポジティブに取り入れるようにしよう。

食物せんい
ヤセやすい体質になるには、腸内環境を整えることが重要。きのこは低カロで食物せんいが豊富だからダイエットにピッタリ。

発酵食品
腸内環境を整える成分がたっぷりの発酵食品も積極的にとりたい食材。キムチやつけもの、ヨーグルトなどが代表的だよ♥

♥ 見た目で判断するなら 野菜:主菜:主食＝2:1:1
お皿の半分が野菜、1/4が炭水化物（ご飯など）、1/4がたんぱく質（お肉や魚など）の食事がベスト！

ヤセなアカン
また食べてしまった！
どうして結果出ぇへんのやろ…
また増えてる
どうしたらいいんや！

ありがとうございます！

グセレッスン！
マインド、食事、運動習慣…直すところ、ありすぎ〜!!

ダイエットとは減量ではなくキレイになって

短時間でも効果の高いFAT5で運動習慣をつけてみよう!

種目が少なく、やりやすいFAT5。体重的には1か月に－1kg程度ですが、見た目に大きな変化が！ラインが引きしまります。

運動は好きじゃないから少しずつやります
運動＝しんどいってイメージで苦手やから、少しずつやるようにします…。ストレッチは好きやから、教えてもらったやつ、ちゃんと家でやります♪

FAT5って？
★ 週1回でOK♡
★ 5分間で脂肪燃焼が続く
★ 筋肉も鍛えられる

1から7までの7種類の運動を1種目30秒→休憩15秒行なう。有酸素運動も無酸素運動も取り入れてるから効率的。30秒間は全力で！

1 その場でジャンプ

ひじとひざを軽く曲げた状態から、両脚でジャンプ。小刻みで、なるべく速く、たくさんやろう!!

2 腕立てしながらひざを曲げる

腕立てふせをするように脚を伸ばして腕を立てたら、片脚ずつ交互にひざを曲げて胸に近づける。

3 前後にジャンプ

ひじを軽く曲げたら、前後に両脚でジャンプ！なるべく速く交互にくり返す。

4 腕立てしながらひざクロス
前から見ると

②の姿勢から、右ひざを左胸、左ひざを右胸に交互に近づける動きをくり返す。

5 腕を下ろしながらジャンプ

脚を肩幅より開き、両腕をまっすぐ前に伸ばす。腰を落としてひざを曲げたら、ひざを伸ばしてジャンプ。同時に両腕を下ろす。これをくり返す。

6 腕立てしながら脚を交互に開く

腕立てふせのポーズから、右脚を伸ばしたまま右にスライドしてつま先を床にタッチ。左側も同様にして交互にくり返す。

7 腕と脚を開きながらジャンプ

両脚を左右に開きながら思いきりジャンプ。同時に、両腕も左右にまっすぐ伸ばして広げる。今度は両脚をとじてジャンプ。このときは両腕は前方に伸ばす。①②を交互にくり返す。

部位別ストレッチでさらにヤセ効果を高める!!
FAT5のあとにやるとヤセ効果は高め♥ ふだんも時間のあるときにやって習慣づけて!!

ウエスト

3 上半身をできるところまで右に倒して②に戻る×5回。反対側も同様にやろう！
2 左脚を真横に伸ばしていくよ。足先は正面向き、足裏は床につけてスライド。
1 脚を腰幅に開いてひざ立ちになり、両腕は頭上に伸ばして両手のひらを合わせる。

二の腕

2 手首を曲げながら、二の腕の外側の筋肉を意識して、両腕を左右に伸ばす×10回。
1 両腕を前に伸ばしたら、腕をねじって手のひらを外側に向け、両手の甲を合わせる。

脚

3 曲げたひざを伸ばしたら、足首を前後に曲げる。①〜③を5回くり返したら反対側も同様に！
2 上の脚の股関節を開きながらひざを曲げていき、上半身にグッと引き寄せる。
1 肩の下にひじがくるようにして、横向きに寝る。上の手は胸の前の床に置き、両脚は伸ばす。

きのうよりもスッキリしてる！

うんち出た〜♪

あしたパンケーキ食べるからきょうは軽めにしよっと！

毎日ムリなく続く♡

なちょすへのヤセ
和田先生がなちょすのデブグセをリセットするべくアドバイスをくれたよ♪

ちょっとの意識で激変 食事編

大事な意識は、ズバリ"体脂肪を食事で燃やす"こと！食べ方を少し工夫するだけで効果が表れるよ♪

RULE 01 お皿を小さくする
「脳は見た目にだまされやすいので、お皿が小さいと中身が大きく見えて満腹気分に錯覚します！」（工藤先生）

\ハンバーグの大きさは同じ!!/

RULE 02 ひと口食べたらはしを置く
「早食いは食べすぎの原因！ひと口食べておはしを置けば所作も美しく見えて、一石二鳥」（工藤先生）

RULE 03 冷やご飯のほうが太りにくい
「冷たいご飯のほうが温かいものよりも血糖値が上がりにくく、脂肪がつきにくいのでGOOD」（工藤先生）

RULE 04 日本人の超スーパーフード7種を積極的にとる♥
卵／アボカド／大豆／アーモンド／レバー／チーズ／サバ
「スーパーなどで手に入る、身近なスーパーフードの代表がこれら。コスパも優秀で続けやすい！」（森先生）

RULE 05 ジュースよりもプロテイン
「効率的にタンパク質を摂取できるプロテイン。飲むだけでムキムキになったりはしません」（森先生）

RULE 06 大豆のとりすぎ注意！
「大豆イソフラボンは美容によいですが、とりすぎは逆効果。発酵食品は体にいいので納豆は◎です」（森先生）
豆乳なら一日2杯まで！

RULE 07 ひと口で30〜50回かむ
「よくかむとだ液が出て、満腹中枢を刺激!! 美容にもいいので、ゆっくりたくさんかむこと★」（久先生）

RULE 08 おやつはチーズかナッツ
「チーズやナッツ類は、血糖値が上がりにくいうえに栄養バランスや美容面もパーフェクト」（工藤先生）

RULE 09 マヨネーズじゃなくカツオ節をかける!!
「カツオ節に含まれるアミノ酸に食欲を抑える効果があるので、じつはダイエットの強い味方なんです！」（森先生）

RULE 10 体が欲するものを食べる
ガマンがいちばんの敵!!
「心と体の健康のためにも、食べたいものは食べましょう！ただし食べる量には気をつかって」（久先生）

RULE 11 ドカ食いするなら鏡の前で!!
「自分がドカ食いする姿のみにくさにショックを受けるので、ドカ食い防止に効果があります！」（工藤先生）

RULE 12 調理法はシンプルに♪
「"魚肉ソーセージよりお刺身"のように、自分が何を食べているかわかりやすいもののほうがよい！」（森先生）

RULE 13 ヘルシー＝たくさん食べていいわけじゃない
「ヘルシーを過信するのは危険。健康にいい＝低カロリーではないことを覚えて」（工藤先生）

RULE 14 腹八分目が基本
「夕食を腹八分目にすると、朝の目覚めがいい★ お茶わんやお皿を小さくすると簡単にできます」（久先生）

RULE 15 主食を玄米にチェンジ！
「急な糖質制限ダイエットはストレスとなり体の負担に。栄養価の高い玄米にチェンジ！」（沢田先生）
空腹からのドカ食いも×

RULE 16 野菜から食べる
「血糖値が急激に上がると太りやすくなるため、最初は野菜で上昇を防ぎましょう」（沢田先生）

RULE 17 寝るまえ3時間は食べない
「寝るまえの食事は太る、胃腸に負担がかかる、睡眠の質が落ちる…と、悪いことだらけ！」（久先生）

RULE 18 スイーツを食べるなら15時！
「脂肪を増やす遺伝子の働きが低下する15〜16時が食べごろ！ 食べすぎは問題外ですよ!!」（工藤先生）

簡単にできてムリがない！ 運動編

運動は運動でも、ヤセぐせにつながる運動はいたってシンプル。毎日コツコツ、の合言葉が成功への道。

RULE 19 腹式呼吸しながら歩く
「腹式呼吸＆腕を大きくふって歩くと、歩きながらエネルギーを消費できるので意識しましょう」（沢田先生）

RULE 20 1分トレーニングでカロリーを消費
「気がついたときにできる、簡単トレーニングを紹介！」（沢田先生）

その1：1分のエアなわ跳び♪ 軽く跳ぶことで全身の筋肉がほぐれる♪

その2：片手は床につき、もう一方の手は上へ。床についた手と同じ側の脚を水平に上げ30秒。反対側も同様に30秒キープ。

RULE 21 ヤセるための運動は朝!!
「朝は交感神経の働きが活発で、脂肪も燃焼しやすいので、朝食後の運動がベスト！」（沢田先生）

一日の始まりである朝から活動してヤセスイッチON★

脇谷日南チャン

RULE 22 ながらトレーニングで基礎代謝UP！
「軽い負荷で基礎代謝を上げられるスロートレーニングはいつでもできるのが、長所！」（久先生）

→ひざに手を置いて、上半身を約3分間上下にゆらす。一日1回でOK★

→脚を大きく開き、みぞおちに力をいれたまま腰を落としていく。

5回深呼吸をし、太ももを腰の位置まで上げたら、足踏み50回。

教えてくれたのはこの4人!!

運動指導者 森拓郎先生
モデルや女優からの人気と信頼の高い森先生。ヤセるための食べ方指南書『オトナ女子のための食べ方図鑑』（¥1404／ワニブックス）を参考にしたよ！

美脚トレーナー 久優子先生
15kgのダイエットに成功した自身の経験を生かした美メソッドがわかりやすく解説された『1週間で「ヤセぐせ」がつく自己管理メソッド』（¥1296／宝島社）もオススメ。

減量外来ドクター 工藤孝文先生
食行動の研究を行なってきた工藤先生が教える、運動はいっさいいらないダイエット法がたっぷりの『痩せグセの法則』（¥999／枻出版社）もチェックしてね！

巣鴨総合治療院グループ総院長・リオ五輪日本代表トレーナー 沢田大作先生
11万人以上の体を改善し、自らも20kgヤセた沢田先生の知識がつまった1冊。読めば読むほどヤセに近づく『人生が変わる、読むやせぐせ』（¥1404／主婦の友社）もためになる。

"ヤセグセ"習慣!!

自然とヤセる体質を自分の体にインプットさせる"ヤセぐせ"をつければ、つらい努力なしにスタイルキープが可能に♥ 健康的な、リバウンドしらずの体になりたいなら、その"くせ"をつけるしかないっしょ♪

撮影／堤博之、蓮見徹

ヤセる！Popteen Part2 ヤセグセ編

生活習慣編 — 日々の行動に革命を！

なにげなく過ごしている日常の生活習慣こそ、ヤセ体質を手に入れるために見直す必要が大アリ★

ヤセぐせ25 歩くときは片側に重さをのせない
「いつも同じ側で荷物を持つと体がゆがみ、太りやすくなります。重いものは分散させましょう」（久先生）

ヤセぐせ27 毎朝同じ時間に体重を量る
「体重測定はダイエットの基本。朝、トイレに行ったあとが正確な数値を把握できてオススメ」（工藤先生）

ヤセぐせ24 頭寒足熱を意識する
「頭を冷やし、足を温めると、末端の筋肉が動き、冷えに効果的。つまり代謝もUPするんです」（沢田先生）

ヤセぐせ26 座るときは骨盤を立てる！
「骨盤を立てて座るだけで上半身の筋肉が使われて、おなかがヘコみ、美しいボディーラインに」（久先生）

ヤセぐせ23 体内時計を毎日リセット
「体内時計が乱れると体重が増えやすくなります。朝日をあびて毎日リセットするのが重要！」（久先生）

ヤセぐせ28 寝るまえに白湯を飲む
「朝のむくみを防ぐことができるので、寝るまえにコップ1杯の白湯を飲むのが正解」（沢田先生）

ヤセぐせ33 脚ヤセのツボを押す
「それぞれ5秒押して、5秒力をぬく…を5セットずつ！」（工藤先生）
足の指を曲げたときにできる、くぼみの中央にある"湧泉"。
ひざの前面にある骨のくぼみから指4本分下にある"足三里"。

ヤセぐせ32 毎日背スジを伸ばして胸をはる
「前かがみでいると内臓が圧迫されて、下腹が出がち。背スジはつねにピンとし胸をはる！」（沢田先生）

ヤセぐせ30 "脂肪をやわらかく"をモットーに！
「ヤセるなら筋肉をつけるより、脂肪をやわらかくすべき。マッサージとリンパケアは必須」（久先生）

ヤセぐせ31 ふくらはぎをもむ
「ふくらはぎは第2の心臓といわれ、もめばむくみ改善に効果的。もむ時間帯は、夕方がベスト！」（沢田先生）

足首からひざ裏に流すようなイメージで、ふくらはぎをマッサージ。
ひざの裏の内側にリンパがあるので、まずはそこを刺激する。

ヤセぐせ29 目のストレッチをしてから寝る
「寝るまえに、眼球を上下左右に動かすだけで頭の奥がスッキリして、眠りの質もUPしますよ♪」（久先生）

ヤセぐせ34 ハイヒールをはく
「7cm以上のヒールで姿勢を意識することがヤセぐせへの近道。ぺたんこ靴でラクするのは×」（久先生）

ヤセぐせ35 枕を抱いて寝る
「睡眠不足は天敵！この姿勢は母親のおなかにいたころに似ていて熟睡できます」（工藤先生）

ヤセぐせ36 体を温める
「冷えは万病のもと★ 湯船に入ったり、足首を回したりして、つねに血流をよくしましょう」（久先生）

ヤセぐせ37 鏡の前で肉をつまむ
「脂肪が落ちにくい二の腕、背中、腰まわり、下腹、内ももをつかんで変化を目で確認しましょう」（森先生）

マインド編 — ヤセも美も気持ち次第!!

病は気から…というように、ヤセも美も心の持ちようで変わるもの。モチベは高めてナンボでしょ★

ヤセぐせ43 見られている自意識をもつ
「自意識は、美を意識させるいちばんの原動力。見られている感が、美とダイエットの第一歩」（久先生）

ヤセぐせ44 目標を立てるなら達成しやすいものに！
「1週間で1kgヤセるより、1日143gヤセる…で毎日目標を立てるほうががんばりやすい！」（工藤先生）

ヤセぐせ45 ストレスをためない
「脳がストレスを感じると食欲を増長させて、太る原因に。心のデトックスは絶対に大切!!」（久先生）

ねおんつぇるはさけぶ!!
「近所迷惑にならないようにクッションにつっぷして、大きな声でさけぶとスッキリ！」

ヤセぐせ38 お風呂の中でマッサージ
「バスタイムを制するものが美を制する！ 血流がよくなっているのでデトックス効果も高いんです♪」（久先生）

バスタブの中で、足の指のつけ根をつまんで広げ、足首回し！
シャンプーのとき、指の腹で頭皮をジグザグに動かし、タッピング。
手のひらにオイルを少量つけ、のどから胸元までなで下ろす★

ヤセぐせ42 ゆるい部屋着はNG
「ゆるい服装をすると、自然と姿勢も乱れ、体型もくずれやすい。適度な緊張感のあるものが◎」（久先生）

ヤセぐせ40 お風呂に入るなら夜!!
「夜のお風呂で血行がよくなると、いい睡眠につながるので、ダイエットにも効果的」（沢田先生）

ヤセぐせ41 HSP入浴
「42〜43℃のお湯に約10分つかると、代謝UPを促す遺伝子が活性化。週2回くらいオススメ」（森先生）

ヤセぐせ39 朝イチに舌をみがく
「舌みがきを習慣化すると味覚が鋭くなり、少量の食事でも満足できるようになる体質に変化します！」（工藤先生）

食事で！ 生活習慣で！ 運動で！ マインドで！

続けることで勝手に太りにくい体に変化する♡

きょうから始める"ヤセ"

360度ぬかりなくキレイな人を見習ってヤセぐせをつけよう

ねおチャン

質のいい眠りがダイエットにいい6つの理由

良質な睡眠で、なぜヤセることができるの？　そのカギをにぎるのは、ヤセホルモン＆自律神経にあった★

Check! あなたの睡眠はいい睡眠？

いい睡眠には、質×量が重要。まずは自分がぐっすり眠れているか、質にまつわる項目を下からチェック！

- ☐ 朝、アラームを使わずにスッキリ起きられる
- ☐ 朝、起きたときに空腹感を感じる
- ☐ 毎朝、決まった時間にうんちが出る
- ☐ 午前中、眠くなることはない
- ☐ 休みの日も平日よりも2時間以上多く寝ることはない

心と体の疲れは、質のいい睡眠なくして解消できない！この5つがすべてYESになる工夫を始めてみて♥

1コでもNOがあるコは日ごろから熟睡できてないかも!?

教えてくれたのは 友野なお先生

自身の経験から科学的に睡眠を学び、眠りのプロとして全国で講演活動や、商品開発、執筆を行なう。美しき睡眠コンサルタント！

先生も寝るだけで15㎏ヤセた!!

起きてる間のひと手間のおかげで寝ている間にヤセられるって神♥

寝不足＝食欲25%UP
きちんと眠っていないと食欲が増すホルモンが増加！つまり、寝不足だと食べたい気持ちが止まらない…。

甘いものやジャンクフードがやめられないのも睡眠不足のせい！
寝不足だと糖質や脂質に対する欲求まで増加。冷静な判断も乱れるため、欲望のまま食べるなんてことに！

ちゃんと眠るとヤセホルモンが出る
質のいい眠りをすると、ヤセるのに効果的なホルモンが出るため、太りにくい体へと自然にシフト完了♥

日中のパフォーマンス力があがる
良質な睡眠は、目覚めもスッキリ。すると、朝からよく動くことができる＆夜もぐっすり眠れて好循環！

寝ないと代謝が下がる
寝不足だとホルモンのバランスがくずれて、基礎代謝も低下。つまり、どんどんヤセにくい体へと変化…。

ちゃんと寝ないと筋力もダウン
不眠だと睡眠中に筋肉の合成がうまく行なわれない！筋力が低下して、体重だって減りにくくなる一方!!

ムダな食欲も、気分のムラも、甘いものへの欲求も全部睡眠不足のせい！

"デブの原因"を断つ！良質な睡眠でヤセやすい体に♥

毎日の睡眠に対する意識を変えるだけでヤセやすい体に近づくなんてミラクルな話、あるわけないと思ったら大まちがい！睡眠不足が引き起こす、デブの原因を断つために、質のいい睡眠をとって、寝ながらキレイを実現させよう♥

撮影／蓮見徹

ちゃんと眠るために…
私たちが寝るまえ・寝起き・日中にできることって何？

質のいい睡眠のためには、ちょっとした工夫が必要♥ できることからトライして、最高の眠り＆ヤセ体質をGETしちゃお。

寝るまえ は心身のバランスを整えてリラックス

よく眠るためには、寝るまえのスタンバイが重要★ 心の底からリラックスすると、ぐっすり眠ることができるよ！

体のコリを取るヨガポーズ

橋のポーズ
手のひらは床、両ひざは立ててあお向けになる。息を吐きながら腰を高く持ち上げたら、腰の下で両手を組んで5呼吸しよう。

ねじりのポーズ
両ひざを立ててあお向けになり、左手を上げる。息を吐きながら両脚は右、顔は左にしてウエストをねじる★ 反対側も同様に。

コブラのポーズ
うつぶせになり、ひじを曲げて手は胸横へ。ひじを伸ばして上半身を起こし、あごを上げて5回呼吸をしながら10秒キープしてね。

魚のポーズ
両脚をそろえてあお向けになり、息を吸いながら手をお尻の下に入れたら、再び息を吸いながら胸を持ち上げて30秒キープ。

0時までに寝る
睡眠中、ヤセパワーを発揮するホルモンをつくるには0～3時の時間帯が黄金タイム★

ちなみに 何時間寝るのがベストかは人による!!
理想は7時間だけど、自分がスッキリするかどうかが重要。ベストタイムを探してみて！

目を温めてリフレッシュ
脳の疲れを取るには目を温めるのがいちばん★ レンジでチンしたホットタオルをのせるのがGOOD。

目の体操もオススメ

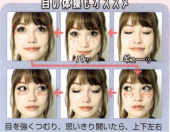

目を強くつむり、思いきり開いたら、上下左右に各10回動かして。次に、近くを見て遠くを見る…を10回。静かに目を開閉し、ぐるっと1周。

血行促進のラクチンエクササイズ
こぶしを握り、つま先を天井に向けてあお向けになる。全身にギュッと力を入れて5秒キープ。
息を吐きながら全身の力を抜いて、思いきり脱力する。これを寝るまえに3～5回くり返すだけ。

お風呂はぬるめの全身浴

長谷川愛里チャン

夏は38℃、冬は40℃の湯船に20分間、肩までしっかりつかること。じょじょに体を温めるのがカギ！

熱いお湯派は寝る2時間まえまでに

お風呂場では快眠のツボを刺激

湧泉（ゆうせん）
足の指を足の内側に曲げたときにできるくぼみにあるツボ。冷え性にも効果があるよ！

百会（ひゃくえ）
頭の頂点部分にあるツボ。押すとリラックスするため、自然と安眠を促してくれる♥

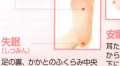

失眠（しつみん）
足の裏、かかとのふくらみ中央にあるツボ。指では押しにくいので棒を使うのがオススメ★

安眠（あんみん）
耳たぶの後ろの骨から、指幅1本分下にあるツボ。なかなか熟睡できないコにオススメ。

天柱（てんちゅう）
首の後ろの中央にある大きなくぼみから、親指1本分外側にあるツボ。肩こりにも効果的★

パジャマに着替える

夏も長そで長ズボンがマスト！

吸水性、吸湿性があって、やわらかく肌なじみのよいものがオススメ。色は淡い色でリラックス♥

片鼻呼吸で体内マッサージ

基本姿勢
片手はおへそよりも指3本分下のあたりに置き、背骨から頭まで一直線になるように伸ばしながらリラックス。

右手の人さし指と中指を曲げ、親指で右の穴を閉じ、左の穴から息を吸う。薬指で左の穴を閉じてから親指を離し、右の鼻から吐く…を5回。

好きな香りをかぐ！
アロマにリラックス作用があるのは有名な話。効能にこだわらず、そのとき心地いい香りを選んで♪

寝るまえのスマホはNG！
寝る直前にスマホを見ると、脳が覚せい。そのレベルは、エスプレッソを2杯飲んだときと同じ！

日中 はしっかり動いて体を疲れさせる!!

よく眠るためには、日中に体を動かして疲れることが大前提。動き方にもひと工夫を加えてね！

食事には美容栄養素を！

マグネシウム
刺激に対する神経の興奮を抑えてくれるのが、マグネシウム。アーモンドやごま、海藻類に多く含まれている！

ビタミンB₁₂
睡眠リズムを安定させる役割担当★ 乳製品、豚肉（とくにレバー）、大豆製品、魚介類を積極的にとってね！

リズミカルな日常生活を意識

リズミカルに動くと代謝がUPするよ。食べ物をかむときや歩くときなど一定のリズムを心がけて♪

日中運動するなら前日寝た時間の19時間後

運動は体が覚せいしているときに行なうと、血のめぐりもUP、筋力もUP。前日眠ったのが0時なら19時★

学校でどうしても眠くなったらイスヨガ

イスに浅めに座り、両手を後ろに回して座面の角を持つ。ひじを軽く曲げ、息を吸いながら胸を引き上げるのも◎。

ゆっくりと息を吐きながら、骨盤を後ろに倒して背中を丸める。①と②をそれぞれ3回つくり返してね。

背スジを伸ばして、イスに深めに座る。ゆっくりと息を吸って、骨盤を前に倒し、軽く背中を反らせていく。

ほどよい疲労感のあるスロースクワット

ゆっくり呼吸をしながらしゃがみ、ゆっくり起き上がる。これを一日5分間くり返す。ポイントは"ゆっくり"。

足を肩幅より少し広めにして立つ。このとき、背中は丸めずに背スジを伸ばした状態で、軽く後ろに反らして。

寝起き は体内時計をリセット!!

よく寝たあとは、体の中の時間を整えることからスタート。しっかり体を目覚めさせて！

朝食をしっかり食べる

朝食を抜くとエネルギーが消費しにくくなるので、じつは食べたほうがヤセる。たんぱく質とフルーツが◎!!

手もみジュースもオススメ

バナナ1本といちご3粒を入れた袋に飲むヨーグルトを注いで、手でもめば即席スムージー完成。

むくみも取れる耳もみ!!

耳のまわりをつまんで、上→中央→下の順番で引っぱっていく。好きなだけくり返してOK♪

指をチョキにして、手前が中指になるように耳をはさみ、上下に動かしてね。

耳の上と下をくっつけるようにして、ギュッと丸める。耳がポカポカしてくるまでやろう！

寝るまえにカーテンを10cmあけて朝日をあびる

朝がきたことを体に自然に知らせるために朝日をあびるのがGOOD。足元のカーテンを開けておいて。

腸もみでしっかりデトックス

朝の快便で体内クレンジング！ 出にくいコは、おへそのまわりを時計回りに押すようにもんでみて。

起きてすぐコップ1杯の水
寝ている間に人はコップ1杯ぶんの汗をかくので、朝に水分を補って、血流を促す♥ 常温の水を飲もう！

だるい日は朝シャワー
朝シャワーは目を覚ます＆だるさをとるのに効果的！ 朝は42～43℃の熱めのシャワーをあびよう★

寝るまえ

せっかくヤセても戻っちゃったら意味ない!!
コレが リバウンドしない ダイエット！

ダイエットにありがちな失敗No.1は、ずばりリバウンド！ リバウンドの仕組みを理解すれば、目標体重になったあとのキープもつらくない♥ ヤセる考え方を身につけて、一生太らない体になろう。

撮影／蓮見徹

リバウンドしない！ 1
正しく確実にヤセたいなら運動＋食事で 一日-300kcalダイエット!!

毎日-300kcalすれば、1か月で1〜2kgのダイエットが可能♥ これくらいのペースが、成功への近道！

基本ルール2
運動で-100kcal、食事で-200kcalが理想♥

『一日約30分歩く』＋『お菓子をやめる』の組み合わせで-300kcal達成。ほら、意外と簡単でしょ？

毎日間食してるコはやめるだけでOK

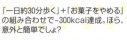
なわとびなら13分!!

ウオーキングなら32分!!

基本ルール1
基礎代謝以上のカロリーをとる

12〜14歳のコは 体重×29.6
15〜17歳のコは 体重×25.3
18歳以上のコは 体重×22.1

基礎代謝以下のカロリー設定でダイエットをするとエネルギー不足に★ まずは自分の基礎代謝量をチェックしよう！

基本ルール3
栄養バランスを考える
炭水化物・脂質・たんぱく質・ビタミン・ミネラル

これさえ食べていればOKという食べ物はなし！ 最低限この5つの栄養素はバランスよくとるように意識して。

Q. どうしてリバウンドするの？
A. ムリなダイエットをすると体が飢餓状態になっちゃうから!!

・満腹を感じにくくなる
ダイエット中は脂肪の吸収が極端に減る。すると、脂肪で満腹感を得る体の機能がおかしな状態に…!!

・エネルギー吸収率が上がる
さらに、エネルギーが足りないと体が感じて、食事から余分にカロリーを摂取しようとがんばってしまうよ！

・エネルギー消費量が減る
摂取カロリーより消費カロリーが多い状態が続くと、体が勝手にエネルギーの消費量を節約してしまう！

私もリバウンドしました

「炭水化物抜きダイエットで3kgヤセたのに、4kgリバウンド。ずっとイライラしてたし、いいことゼロ…」（山崎華帆サン）

「ムリなダイエットばっかくり返してたら、3食食べるだけで体重が増える体質になっちゃって困ってる」（福田蘭奈サン）

「夜ごはん抜きで1か月で-3kgできたけど、終わってふつうの生活にしたら逆に4kg増えてた！」（杉本妃来理サン）

リバウンドしない！ 3
いちばん重要なのはヤセたあとのスタイルキープ!!

ヤセたあと、どうすればスタイルを維持できるかが重要問題。守るべきは次の6つのルール！

ヤセるまえの写真をたまに見る
太っていたころのみにくい写真を見つめることで、ダイエットへの意識を向上。つらいときに見ると◎。

睡眠時間は一日7時間が理想!!
睡眠中にもカロリーは消費されるので睡眠は大事!! また、寝不足が続くと基礎代謝も下がってしまうよ！

クローゼットもダイエット!!
サイズが大きくなった服を残しておくと、自分の体型の変化に気づきにくくなるので、速攻で処分★

3週間に一日は解禁日をつくる!!
定期的に解禁日をつくると、体が飢餓状態でないことをきちんと認識。大事なのは周期をきちんと決めること。

目標体重になっても最低1か月は続ける!!
目標の体重になっても体の中はダイエットモードのまま。急に食事を戻すと吸収力が上がる！

毎日体重をはかって増えたらすぐ戻す!!
増えた体重を放置しておくと、体にそのまま脂肪が蓄積。ちょっと増え たら、すぐ戻す…を心がけて★

リバウンドしない！ 2
長く続けられるゆるダイエット!!

急激なダイエットがリバウンドの確率を高めるのなら、ダイエットを日常生活のなかに取り組んでゆるく続けちゃえばいい！ 理想的なヤセ活法♥

二日に1回は湯船につかる
半身浴は代謝UP＆セルライトの予防に効果的。血流もよくなるので、ムダ食いの欲求も減少★

カロリーを細かく計算しない
まっ先にカロリー制限のことを考えると、ストレスが増えて、ダイエットのモチベが下がっちゃうのでNG！

食前と食後に軽く歩く
食前のウオーキングには体重を減らす効果、食後には体重維持の効果アリ。それぞれ10分ずつでOK！

野菜から＆よくかんで食べる
野菜を最初に食べることを習慣にすると、高い満腹効果を得られるうえに栄養バランスも整う結果に♪

日常生活でゆるトレ♥
毎日の生活にひと工夫くわえるだけで、ダイエット効果あり。ちょっとしたことから試して♪

例えば
トイレで腰を浮かせる
洋式トイレで便座から少し腰を浮かせると、太ももの前側の筋力がUP★

なるべく階段を使う
エレベーターやエスカレーターをやめて階段にすると、自然と下半身の筋力がつくよ。

10代女子にありがちな体型の問題点

O脚
O脚は太ももの外側が張りやすい。内ももはたるんでるのに外ももはパンパンのブス脚に!

巻き肩
巻き肩は肩甲骨の動きをせばめて、結果、二の腕に脂肪をため込む!

骨盤前傾
骨盤が前に傾いていると脂肪がお尻の下につきやすくなる原因に!

かかと重心
かかとに重心を置く歩き方は、お尻が大きくなってしまう危険性大。

この問題点 体幹リセットで改善できます!

Q. 体幹がめざめるってどういうこと?
A. 体幹の筋肉のうちふだん使われているのは4割。2週間の基礎トレをすることですべてを使って生活することが可能になるよ!

Q. 体幹が使えるようになるとどうなるの?
A. 使える筋肉量が増えることで基礎代謝があがり、消費エネルギーもUP。つまりヤセやすい体になれるってこと♥

Q. 体幹ってどこのこと?
A. 体幹=胴体のこと。そのうち大事なのはろっ骨と肩甲骨と骨盤。この3か所を整えることで体幹がめざめる!

\\教えてくれたのは//
佐久間健一先生
ボディーメイクトレーナー。スタジオ『Charm Body』代表。著書『体幹リセットダイエット』(¥1080/サンマーク出版)が大ヒット発売中♪

10代女子のための 体幹リセット ダイエット♥

体幹をめざめさせて ヤセやすい体に導く!

110万部超えのベストセラーダイエットを10代向けにアレンジ!!

2017年に本が発売され、いまもなおヒット中の"体幹リセット"。骨盤前傾が多い10代にぴったりのエクササイズを教えてもらったよ♥

撮影/堤博之、清水通広(f-me)[P.37]

\\効果を高めたいコは// 食事でもヤセ効果を高める!

R-1ヨーグルトがオススメ

2 朝起きてから30分以内に朝食を食べる
朝食を抜くと血糖値が激しく上下するため太りやすくなる。軽くでも食べて、血糖値の増減を安定させることが重要。

4 ヤセやすいタイミングで食事をする

寝る4時間まえまでに夕食が終わるように設定して、昼食は朝食と夕食のちょうど中間のタイミングでとるのがGOOD!

1 肉・魚・卵などのたんぱく質を取る
基礎代謝を上げるためにたんぱく質はマスト。大豆などの植物性よりも、肉や魚、卵などの良質な動物性たんぱく質のほうが吸収しやすい。

コンビニで買うなら

サバ缶 / ゆで卵

3 ちょこちょこ食べて基礎代謝を上げる
内臓がこまめに消化吸収することで消費エネルギーがUP。3食分の量を5回に分けて食べるのが理想。最低でも3食は食べて!

一日3回以上はマスト!!

体幹リセットダイエットでヤセる理由

体のクセを直す体幹リセットダイエットの長所を、5つご紹介★

2 消費エネルギーUP
体幹筋を使って正しい姿勢になると、日常生活で使われる筋肉の割合も大きくUP。ハードな運動をしなくても燃焼量が増える★

1 ゴツイ筋肉が落ちる
ふだん使いすぎている筋肉は動かさず、逆に使えていない筋肉を動かす。こうすることでゴツイ筋肉が落ちて、スッキリと細くなる♥

正しい姿勢ってこういうこと!

3 姿勢が自然に整う
体幹部分のさまざまな筋肉が使えると、背スジが伸びて、骨盤もまっすぐになるよ。キレイな姿勢になって、スタイルもよく見える。

←耳、肩、骨盤、ひざ、足首の5点が地面に垂直の状態。

5 体の不調も解消する
悪い姿勢が原因で起こる首や肩のコリが解消できるのも強み★ 内臓の本来の機能が発揮できるようになるから、便秘にも効果大!

4 リバウンドしない
体幹筋を使える体になれば、いつもの生活を送るだけで基礎代謝があがるよ。体に身につくからリバウンドの心配もナシ♪

体幹をしっかり使える体になれば代謝量が大幅UP★

ヤセる！Popteen Part3 流行ダイエット編

まずは一日5分 2週間で効果が現われる基本の体幹リセット！

1種類あたり1分のエクササイズを順番に5種類やるだけ！ 一日5分の簡単トレーニングを毎日続ければ2週間で確実に効果が現われるよ。

2 骨盤の位置を固定する

ひざを立ててあお向けになり、両足をクロス。ひざの間はこぶしひとつ分あける。

↑そのままの姿勢でお尻をできるだけ高く浮かせる。これを6秒キープ×10回くり返す。

1 骨盤の位置を整える

イスに座り、右手で左ひざ、左手で右ひざを内から外に6秒押す×10回。ひざに力を入れ、ひざの位置をキープ。

注意点
1. 一日2セットまで！
2. ひとつだけでもいいけど、1〜5の順でやると効果大♥
3. 2週間は毎日、それ以降は週に3回続ける

NG
手の力に負けて、ひざがパカッと開いてしまうと意味ナシ。手とひざが押し合うような感覚を忘れずに★

3 肩甲骨を均等に動かす

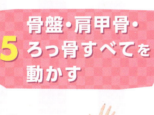

腰幅に脚を広げて、ひざ立ちになる。両手を胸の前でクロスさせ、お尻は前に少し出し、つま先は立てる。

お尻の力は抜かずに上半身をひねり、左手で右のかかと、右手で左のかかとを各3秒タッチ。交互に10回。

5 骨盤・肩甲骨・ろっ骨すべてを動かす

①→脚を腰幅に開いて立ち、両手を上げる。このとき、右手はグー、左手はパーにして。体がまっすぐになるようにして立とう！

②右腕と左脚を曲げてタッチ。ひじとひざをタッチ。曲げる手をグーにすること、軸になる脚を曲げないことが大事。左右各10回くり返すよ！

4 ろっ骨を大きく開く

前から見ると

①脚を腰幅に開き、お尻を後ろにつき出すようにかがむ。このとき、背中が丸まらないように注意。太ももの裏を意識して。

②そのまま両手を斜め上に上げて、指先からお尻が一直線になるようにする。これを6秒キープ×10回。

37

毎日がんばるのは きついなら **2か月で体幹をめざめさせるゆるトレーニング!**

多少時間がかかってもいいから、ゆるっとがんばりたいマイペースタイプさんは、1週間に3回トレーニングをして、2か月かけて体幹を使っていこう。

このスケジュールでやろう!

最初の1か月	→ 月・水・金(連続せず週3日)	A〜E
5・6週目	→ 月・水・金(連続せず週3日)	F G
7・8週目	→ 月・金 A〜E 水	F G

D 肩甲骨を動かす
日常動作にはない肩甲骨を下げる動きで肩の可動域を拡大。可動域が狭いと、脂肪がつきやすい。

① 腰幅でひざ立ちし、足首を立て、手は胸の前でクロス。おへそが前に出ているかんじなら正しい姿勢。

② 肩甲骨を意識しながら右手で左のかかとをつかみ3秒キープ×片側10回ずつ。視線もかかとに移動!

C さらにしっかり骨盤を固定
Bで前から固定した骨盤をCでは後ろから固定。前後からしっかり固定することで骨盤の位置が整う♥

① あお向けに寝て、足首をクロス。両ひざは、必ずこぶし1コあけておこう! 両手は頭の下に★

② お尻を上げられるところまで上げて6秒キープし、ゆっくりと下げるよ。これを10回くり返す★

B ゆるめた骨盤を固定
Aでゆるめた骨盤を垂直に立たせて固定するエクササイズ。Bでは骨盤を前からしっかり固定♪

① あお向けに寝たら、両手は頭の下に。股関節、ひざ、足首が90度になるように脚を浮かせる。

② この姿勢で自転車後ろこぎを20回。ふだんあまり使われない脚のつけ根の筋肉がめざめるよ★

A 骨盤まわりをゆるめる
骨盤が傾くと脚が太くなったりおなかに脂肪がついたり…。クセをとるために骨盤をゆるめるよ。

① リラックスしてあお向けに寝る。両ひざを立て、両手を上向きにひじを曲げる。ひざもひじも90度に曲げる。

② ひざをゆっくりと左に倒し、左手が下を向くようにひじを曲げる。左、右と往復15回やろう。

G 歩くための筋肉を矯正
〝歩く〟動作のなかで体幹が正しく使われるようにするためのトレーニング。いわば歩くための筋肉づくり♪

① バンザイをしてから、頭の上でひじ同士をつかみ、大またで左足を1歩前に出す。目線はまっすぐ前へ!

② 上体を左に傾けながら、ひざが90度になるまで真下に腰を落とす。これを左右10回ずつやってね。

F 体幹をめざめさせる
日常生活の〝立つ〟〝しゃがむ〟という動作で体幹が正しく使われるようにするトレーニング♥

① 腰幅に足を開いて立ち、タオルを持って前ならえ。タオルははじっこを持つとベストな幅になるよ。

② ①の状態から3秒かけてタオルを上げ、同時にひざが90度になるように腰を下げる。3秒かけて戻す×10回。

E ろっ骨を引き上げる
肩甲骨を下げる運動と合わせてろっ骨を上げる運動をすると効果的。体幹の筋肉の動きがよくなる。

① 足を腰幅に開き、軽くひざを曲げて腰を落とす。肩が水平になるように持ち上げた腕を前でクロス。

② お尻をグイッとつき出しながらひじを前にスライドさせる。3秒かけてスライドさせ、3秒かけて戻す×10回。

38

部位別ヤセもかなう♥体幹レベルアップトレーニング！

基礎トレーニングで体幹がめざめたら、筋肉量を増やすトレーニングにレベルアップ！ 気になるパーツを鍛えて、理想の体に近づこう♥

ウエストヤセ!!

STEP1
① あお向けに寝たら、手は頭の後ろに。背中に反りを出すため、みぞおちの真下に丸めたタオルを入れ、ひざは軽く曲げておく。

② タオルから背中が離れない程度に上体を起こし、床につく手前まで戻す。これを20回くり返す。

STEP2
① くびれをつくる腹筋のストレッチ。あお向けに寝、両手、両足を開きXの姿勢に。手のひらは上向き♪

② おへその前で右ひじと左ひざをタッチ。右、左と往復10回。動かさない手足の位置はキープしてね！

二の腕ヤセ!!

① お尻にキュッと力を入れたまま、後ろで組んだ手を下にグーッと下げて6秒キープ。これを10回くり返す。

② 肩とひじの可動域を広げるストレッチ。足を腰幅に開いて立ち、お尻をしめて後ろで手を組む。

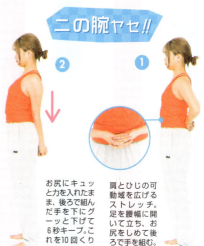

背中ヤセ!!

① 背中のカーブをつくるエクササイズ。右手は右ひじ、左手は頭にそえる。お尻をつき出して上体を前に倒す。

② 胸を開き、後ろをふり返って3秒キープ×片側10回ずつ。ひざが前後に動かないように注意してね！

（お尻と脚のストレッチ）

両手を開いてあお向け寝、手のひらを床につける。右足のくるぶしを左ももの上にのせる。

お尻をグッと浮かせて3秒キープ×左右各10回。お尻の重さとのせた脚の重さが筋トレの負荷になるよ。

③ 上げた脚を戻すときは、ひざが床につかないようにしてね。また、片側に重心が偏らないように注意！

お尻ヤセ!!

STEP1
① 肩の真下にひじをついてよつんばいになる。左ひざの後ろにタオルを挟み、つま先を立ててスタンバイ。

② タオルを挟んだまま左脚を上げる。上げられるところまで高く上げて3秒キープ×片側10回ずつ★

全身に効く最強のポーズはコレ！

① まっすぐ立って右手は頭にそえ、左手は床と水平に。左脚を上げて片足立ちになる。上げた脚のひざと足首は90度。

右ひじを外に開きながら上体を前に倒し、左手で右足のつま先をさわる。ゆっくりと片側10回ずつくり返そう!!

ふくらはぎヤセ!!

① ふくらはぎを細くしたいときはスネを使おう。足を腰幅に開き、かかと歩きを1分。足踏みでも◎！

② 腕をイスの背もたれにのせたまま、1分間足踏み。①でも②でもひざを曲げないのがポイント。

太ももヤセ!!

STEP1
① 股関節の可動域を広げてラインを整えるよ！ 手枕で横向きに寝て、ひざを90度に曲げる。

② 足首はつけたまま、上の脚のひざだけを45度開いて3秒キープ×片側10回ずつ!!

STEP2
① 太ももの裏を伸ばして整えるストレッチ。足を腰幅に開いたら、手のひらをももにつけてまっすぐ立つよ。

肩・腰・手を結んだとき、直角三角形になるように上体を下げる。3秒かけて下げ、3秒かけて戻す、を10回くり返してね。

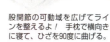

イスを使うから正しいフォームをキープできる！
コレが坂詰式ヤセるスクワットだ!!

週に2〜3回のスクワットで全身ヤセが可能！ 基本のフォームをしっかりマスターして手軽にヤセよう♥

教えてくれたのは 坂詰真二先生

スポーツトレーナー。"スポーツ＆サイエンス"代表。著書『世界一やせるスクワット』（¥734／日本文芸社）が大ヒット中。

週2〜3回
10回×3セット
インターバル
30〜90秒がベスト♥
10回ごとに30〜90秒の休息を入れると効果的。キツくてフォームがくずれるなら回数を減らしてもOK！

→息を吐きながらひざと股関節を同時に伸ばして立ち上がり、息を吸いながら座り姿勢に戻る。

スタンバイ
足を手前に寄せ、胸の前で手をクロスし、背スジをまっすぐ伸ばしたまま体を前傾させる。

←転ばない程度に、イスにはできるだけ浅く腰掛ける。足は肩幅に開き、つま先はやや外側に向けてね★

POINT2 体の軸は中央に！

体の軸が開いた足の中央にくるのが正しいフォーム。軸が右や左に偏らないように気をつけて！

POINT1 上半身は一直線に！

頭からお尻まで一直線になるように！ 背中を丸めたり反らしたりすると腰に負担がかかるので×。

POINT3 つま先とひざはやや外向き！
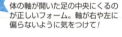

ひじがひざ上にくるように開き具合を調整。ひざが内側に入ったり開きすぎたりしていると股関節に負担がかかるのでNG。

ヤセたいならここに注意！

正しいフォームとスピードで行なう！
正しい姿勢で行なうとともにスピードも重要！ 立ち上がる動作は1〜2秒。下がる動作は2〜3秒かけて★

余力が少しあるくらいのキツさがちょうどいい！
あと2回はできる余力を残して1セット終えるのが理想。何回も余裕でできるなら、筋肉に効いてない！

3セット＋インターバルで筋肉に100％アプローチ
30〜90秒のインターバルをはさんで3セットやることで、筋肉内の筋線維をまんべんなく使える！

POINT4 ひざはつま先より出ない！

座ったときにひざの真下につま先がくるように足の位置を調整。ひざが10cm以上前に出るのは×。

坂詰先生直伝!!

一日3分、週に2回でOK!!
ヤセるスクワット

手間もお金も根性もいらない！ ちまたで話題の"スクワットダイエット"。考案者の坂詰真二先生からレクチャーしてもらったよ！

撮影／伊藤翔　文／ささきみどり

ヤセる！ Popteen Part3 流行ダイエット編

Q どうしてスクワットでヤセられるの？
A 下半身を鍛えることで消費カロリーUP！
全身の筋肉の70％を占める下半身を鍛えて筋肉量を増やすことで、全体の消費カロリーが大幅UP。効率的にヤセられるよ★

Q スクワットはどの部位に効果があるの？
A パーツというよりも全身ヤセが狙える！
部位ヤセではなく下半身の筋肉量を増やして基礎代謝を上げるのがスクワットの狙い。さらに摂取カロリーを抑えれば、効果倍増！

Q 毎日やらなくてもいいの？
A 2〜3日あけることで効率的に筋肉量が増える！
傷ついた筋線維が修復される過程で筋肉量が増えるのがスクワットなど筋トレの効果。筋線維の修復には48〜72時間かかる。

スクワットがお休みの日は 有酸素運動＆ストレッチ
筋肉〝修復中〟の休息期間は、脂肪を燃焼させる動きを取り入れて、効率的にヤセを狙う！

有酸素運動 ボクシングスクワット
会話ができるくらいの強度からスタート。ラクに感じるようになったらスピードをアップ！
1分間×3セット
インターバル **30秒**

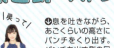

① 肩幅より広めに脚を開き、つま先とひざはやや外向き。少し腰を落としてファイティングポーズ。

② 息を吐きながら、あごくらいの高さにパンチをくり出す。パンチを出す側の足で床を押して！

③ いったん姿勢を戻してから、反対側もパンチ。これを1分間＋インターバル×3セットやろう！

ストレッチ
スクワットで鍛えたお尻や太ももの筋肉を気持ちよく伸ばして、疲労回復をサポート!!
20秒間×3セット
インターバル **10秒**

① 脚を前後に大きく開き、後ろの脚のひざをついてしゃがむ。上半身は頭からお尻まで一直線に。

② 重心を前脚に移動。呼吸を止めずに左右各10秒伸ばす＋インターバル10秒。これを3セット！

きついコは 前後の脚の幅を狭くしてやってもOK★ 気持ちよくストレッチできることを重視して♪

基本のベンチスクワットができないコは 気をつけスクワット
〝基本のスクワット〟をやってみて、体がグラついたり、うまくできないと感じたら、ひざをとじる〝気をつけスクワット〟にトライ！

横から見ると

① イスに浅く座って足を手前に軽く引く。ひざをそろえ、手はひざの横にそえる。お尻を突き出して前傾姿勢に。

② ひざと股関節を同時に伸ばしてゆっくりと立ち上がる。インターバルをはさんで10回×3セット。

基本のベンチスクワットが簡単にできるようになったら サイドスクワット
基本のスクワットより負荷の高いサイドスクワット。10往復×3セット、インターバルは30〜90秒★

横から見ると

① 立った状態からスタート。足の開きは肩幅の2倍くらい。手は腰に、つま先とひざは少し外側に向けて立つ。

② 頭からお尻まで一直線を意識しながら前傾。息を吸いながら2秒かけて片側の脚に体重を移動する★

③ 1秒でもとの位置に戻り、2秒で反対側に体重を移す。上半身を左右に傾けず、体重を移動させるのがポイントだよ！

運動だけじゃ減量できない！
ヤセたいなら食生活にも気をつけて！

□ **3Kを積極的にとる**
カロリーほぼ0のきのこ類、海藻類、こんにゃくは糖質や脂質の吸収を緩やかにしながら満腹感も高めてくれる。

□ **糖質と脂質を控える**
糖質と脂質は大事だけどとりすぎると脂肪が増えやすいので注意！ どちらも少しずつ控えて。

□ **水をたっぷり飲む**
体内に十分な水分がないとムダに食欲が増すことに…。いつもより1ℓ多く水を飲む意識をもとう！

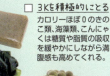

スクワットなんて余裕じゃん♪

NO!! 正しくなければ意味がない！

41

Part4 部位別ダイエット編

美スタイルの基本はバランスのよさ。「もうちょっと脚が細ければ…」「体はいいけど顔がデカイ（涙）」などと嘆くコは、気になるパーツを集中的に鍛えて理想に近づくべし★

ウエスト P.54〜57

脱いだときのギャップ萌え♥
女性らしいしなやかくびれ

細いだけじゃ憧れられない！
まっすぐラインの健康美脚

どんなボトムもカッコよく
着こなすプリケツが欲しい!!

お尻 P.58〜59

脚 P.44〜53

撮影／伊藤翔　ヘアメイク／
YUZUKO　スタイリスト／
都築茉莉枝（J styles）

42

美脚＝まんべんなく筋肉がついた脚のこと!!

太さも形も重要！ バランスよく筋肉がついて、まっすぐな脚こそ理想の美脚ってこと♥

美脚ってどんな脚？まんべんなく筋肉がついた脚

脚が整うと姿勢も美しくなる！

この4点が大事！

かかとをつけて立ったとき、太もも・ひざ・ふくらはぎ・くるぶし＝美脚の4点それぞれの内側がついていると◎。

毎日必ず足のケアをしよう！
足は老廃物がたまりやすい部位。毎日の運動のまえに、必ずしっかりほぐして、効果をあげよう！

細すぎずまっすぐでしまってる脚になりたい！

美脚のためには ゆるめる×伸ばすのが大事!!

脚の形を整えるには、関節をゆるめる＆伸ばすことをセットで行なうとGOOD。やるタイミングは、朝がベスト！

ゆるめる

手のひらをグーにして、足の裏をゴリゴリとほぐす。足裏がポッと温かくなるまで続けてね。

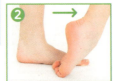
②

①のまま、体重を前にかけて足の甲を伸ばしていく。体の重心はまっすぐにしたまま！

① 伸ばす

足の指を折り曲げて、体重をゆっくりと真下にかける。小指の骨までしっかりほぐしてね。

脚の長さを伸ばす 金曜日

ウエストのいちばんくびれている部分を、手の親指で強めにプッシュする。左右交互に、合わせて10回でOK！

伸ばす / ゆるめる

まっすぐに立ち、骨盤だけを片方ずつ交互に上げ下げする。ひざはなるべく離さないようにし、左右各5回。

ハイパー美脚の持ち主！

\ 教えてくれたのは /
久優子先生

脚のパーツモデルを経て、独自のボディーメンテナンスメソッドを確立。自身も15kgのダイエットに成功した、美脚トレーナー★

美脚のつくり方!!

できる！ 美脚トレーナーに教えてもらった集中プログラムを実践してみよう!!

#BIKYAKU

ヤセる！Popteen Part4 部位別ダイエット〜脚〜

一日3分 美脚をつくる1週間プログラム

一日3分のメソッドでみるみる美脚化♥ 2週間で変化が出て、3週間で効果があらわれる！

めぐりをよくする火曜日

手をグーにして、足の甲を足先から足首に向けてほぐす。足が温かくなるまでやろう。

足の指と指の間を、手の親指で2秒間ずつギューッと強めに押す。両足各3セット。

脚を交差し、両手のひらでひざを押して脚裏全体を伸ばすよ。各脚5回を3セット。つま先の位置をそろえて行なってね♪

体の基礎をつくる月曜日

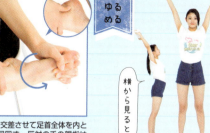

手足の指を交差させて足首全体を内と外に各5回回す。反対の手の親指はくるぶしを押さえて。両足やるよ！

まっすぐ立ったら、つま先立ちになって、両手でタオルを持ち上げ、引っぱりながら体を少しそらす×5回。

横から見ると

お肉をやわらかくする木曜日

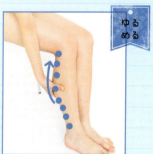

ふくらはぎを8分割し、下から上に向かって、手の親指と人さし指の間ではさみながら押す。各脚3回ずつ★

脚を広めに開いたら、片脚に重心をかけて曲げ、もう片方の脚を伸ばす。各脚5秒キープを3回ずつやるよ。

デトックスする水曜日

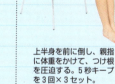

上半身を前に倒し、親指に体重をかけて、つけ根を圧迫する。5秒キープを3回×3セット。

イスに浅く座ったら、両脚のつけ根に手の親指を深く入れ込む。肩の力は抜いてリラックスさせて。

イスの背を両手で持ち、脚を真後ろに上げたら、そのまま足先を上げ下げする。左右同様に、片脚5回×3セット。

リラックスする日曜日

両手をグーにして、脚全体を下から上に向かってトントンと心地いい力加減でたたく。脚が温まるまでやろう。

よつんばいになって、お尻をつき上げたら、そのまま軽く前後運動をして全体を伸ばす。5回を3セット。

脚の形を整える土曜日

太ももの内側のムダなお肉を手の側面ですくい上げて、太もものラインを整える。各脚5回を3セットずつ！

イスの背に手をそえ、ひざで円を描くように脚を回す。骨盤は正面向きのまま、内回しと外回し各5回。左右同様に♪

脚ヤセ編 JKがヤセたい部位 No.1 最強

ムダ肉のない太もも、キュッとしまったふくらはぎ、むくみのないまっすぐライン…憧れの美脚は努力次第でGET

撮影／堤博之

45

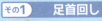

本気で結果を出したいなら！ 美脚になれる24時間タイムスケジュール

美脚にさらに近づく一日のすごし方をレクチャー。運動は左右両脚やってね♪

AM 6:00 起床

寝起きとともに体幹を目覚めさせる！おなかを伸ばすように縦にグーッとストレッチ。

こんな習慣はNO!!

脚を組むクセがある — 骨盤がゆがむため、リンパや血液の流れが悪くなり、脚がむくみやすくなる！

姿勢が悪い — 腹筋、背筋、大胸筋の筋肉が衰えて、美しいスタイルをつくれなくなっちゃう！

AM 6:40 ストレッチタイム

その1 足首回し

1. 土ふまずの上にあるツボを押さえながら足の指の間に手の指を入れしっかり開く。
2. 足の指の間に手の指を入れたまま、すねからつま先まで一直線になるように指先を伸ばす。
3. 反対の手でくるぶしをしっかり押さえ、大きな円を描くように足首を回す。
4. 手の指は足指の間に入れたまま、指先をそらして足裏を伸ばすと血行促進に◎！

AM 8:00 通学

スリムになる歩き方

1. ポイントは姿勢と骨盤。頭上から糸で引っぱられているイメージでまっすぐ立つ。
2. ①のまま、骨盤を地面と平行にスライドするように前へ出し、1歩進むよ。

腰に手を置き、脚を引き上げるように骨盤を持ち上げる。左右交互にくり返して。

これもOK

AM 8:30 学校

授業中の理想の座り方はコレ!!

イスに浅く腰かけて背スジを伸ばす。太もものつけ根に体重をのせ、お尻をつぶさないこと。

前から見ると — ひざを閉じ、絶対に脚は組まない！脚を組むと体がゆがみ下半身がデブる。

腹式呼吸を心がけて!!

ハーッ — おなかの力を抜き、口からゆっくり息を吐く。おなかがヘコむまで出しきって。

スーッ — 姿勢を正し、肩の力を抜き、あばら骨が広がる意識で鼻から息を吸い込む。

PM 4:30 ストレッチタイム

アロマオイルや香水など、好きな香りに包まれながらやるのがベスト★ 脳もリラックス。

リラックスすることでストレッチ効果がUP

その1 つま先クロス

1. 手を頭の下に置いてあお向けに寝る。つま先まで伸ばしたら、深呼吸してリラックス。
2. おへそをのぞき込むように頭を上げて首のストレッチ。ムリせずゆっくりやってね。
3. 床と脚が90度になるように脚を高く上げる。ひざを曲げず、つま先までしっかり伸ばして。
4. ③の状態のまま、つま先を交互にクロスさせる。脚はまっすぐキープして！

その2 お尻歩き

1. 足の指を上に向けて座り、かかとが床から離れないようにお尻で前後へ各5歩。
2. 両ひじを反対の手でつかむように頭の後ろで腕を組んだら、①同様にお尻歩き。
3. 両手をまっすぐ上げ、手のひらを合わせてお尻歩きするとウエストに効果的★
4. 左右の足裏を合わせ、ひざを開いて太ももの内側を伸ばす。深呼吸を忘れずに。

洗いながらマッサージ

太もも

1. 太ももの外側のセルライトを両手ではさみ、下から上にもみほぐしてつぶす。
2. 脚のつけ根の、そけいリンパ節を押して刺激。体重をかけてしっかり押して！
3. 親指と人さし指の間で太ももの外側をはさみ、ひざ上から脚のつけ根まで流す。
4. 両手のこぶしを使って、③同様にひざから脚のつけ根まで老廃物を流す。

ふくらはぎ

1. ふくらはぎケアはむくみ対策に必須。アキレスけんをつまみながら引き上げる。
2. ふくらはぎを手のひらで押して、離す。固くなるとセルライト化するかも!!
3. 両手の親指で、くるぶしからひざへ向かってまんべんなく押してひざ裏を刺激。
4. 下から上へ、ぞうきんをしぼるようにもみほぐす。老廃物をひざ裏へ流して。

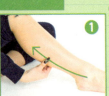

ヤセる！Popteen Part4 部位別ダイエット〜脚〜

AM 7:30 朝食

- しっかりかむことを意識!!
- 野菜をたっぷりとってバランス食♪

朝食はしっかり食べよう！

しっかりかむことで満腹中枢を刺激。大豆たんぱくを手軽にとれるみそ汁も◎。

その3 裏側ストレッチ

1. ひざを直角に曲げ、つま先を床に向けて伸ばしたら、ひざを上下に動かす。
2. ①で曲げたほうの脚を後ろに蹴り上げ、バランスを取ってキープ★
3. つま先まで伸ばしたままゆっくり脚をもとの位置へ戻し、つま先を上下に動かす。
4. 脚をクロスさせ、背中を曲げずに上半身を倒す。脚の後ろ側をしっかり伸ばそう。

その2 オープンスクワット

1. 両脚を大きく開いて立ち、つま先とひざを外側に向ける。両手は骨盤に!!
2. おなかの上のほうに力を入れ背スジを伸ばし、太ももと床が水平になるまでひざを曲げる。
3. ②の状態のまま、つま先立ちをする。内またやネコ背にならないよう注意して。
4. ②に戻り、ひざに手を置いたら上半身を上下にゆらして脚のつけ根を伸ばす。

なるべく階段を使おう!!

ラクだからってエスカレーターばっか使っていると筋肉が衰えて基礎代謝ダウン。

PM 4:00 下校

脚のラインを整える立ち方はこう!!

体重は均等にかける!!
10秒間足踏みすると、体重がどこにかかっているかの感覚がつかめるよ♪

重心は足裏の内側!!
足の裏の土ふまずから親指のつけ根にかけて重心を置く。つま先立ちもOK。

AM 12:00 昼食

たんぱく質を積極的に!!
たんぱく質は筋肉をつくり、美肌効果も！赤身の肉、魚、卵、大豆などを必ず食べよう。

トイレでできる引きしめエクササイズ

1. 姿勢を正して脚を高く上げ、つま先で1〜9までの数字を順番に書いていく。
2. 反対の脚でも①と同様に数字を書く。バランスを取り、姿勢がくずれないように注意して。
3. 体が前のめりにならないよう、脚全体を大きく動かそう。アルファベットでも◎。

PM 10:00 お風呂

しっかりリラックス!!

リラックスして自律神経のバランスを整えよう！バスソルトで体温を上げてカロリーも消費♥

お風呂あがりの深呼吸で新鮮な空気を体に入れるとコリがほぐれ気分も落ち着く。

PM 6:00 夕食

和食がいちばん★

基本は一汁三菜。みそ汁と主菜、副菜で栄養バランスを調整して腹八分目を意識。

バランス重視！

その3 体の側面マッサージ

1. 二の腕を外側から内側にしぼるようにひねる。ひじからワキヘズラしていくよ。
2. 片腕を上げ、肩甲骨横のくぼみから胸まで、ワキの肉をつかんで移動させる。
3. ろっ骨のくぼみにそって指をスライドさせる。骨の間の老廃物をかき出そう。
4. 脚の外側を集中的にもみほぐす。足首から脚のつけ根までなで上げてね！

ベッドの上でやるのがオススメ!!

そのまま寝ちゃっても安心。寝る直前なので、ゆっくり静かに行なおう♥

PM 11:30 就寝

PM 11:00 リラックスタイム
寝るまえのゆるストレッチ

1. こぶしの第2関節を使って足裏全体をマッサージ。足先からかかとへ流していく。
2. あお向けになり深呼吸しながら伸び。おなかまわりまでしっかり伸ばして。
3. ②のままで両方の足裏をくっつけ、股関節を伸ばす。深呼吸を忘れずに。
4. 手首の疲れも忘れずにほぐす。8の字を書くように関節を回すとスッキリ！
5. 片足のひざを曲げ、脚をクロスして腰のストレッチ。肩が床から浮かないようにして。

足まわりの反射区も刺激しよう!!

反射区を刺激すると血液の巡りがよくなり、体の各器官が活発になるため、健康でヤセやすい体質に近づける！

代謝UP / むくみ / 便秘

かかとの上、くぼみになっている土ふまずの部分は便秘に◎。ほぐすようにマッサージしてね!!

代謝UP / むくみ

土ふまずの側面はむくみに効果アリ!! 足の内側の、かかとの上あたりから足裏の中心へ向けて流すように押すと、脚スッキリ★

脚のタイプ別 \もっと/ 美脚になれる プラスワンテクニック

3つの脚タイプの問題点を解決するテクで、効率よく美脚を狙おう！

カステロ・ミーアチャン

この脚の問題点
★ ゆがみが目立って不格好
★ 脂肪がなさすぎて不健康

細くて筋肉が足りないから貧相に見えて色気不足！

ただ細いだけの棒脚さんは しっかり筋肉をつける!!

カリカリの棒脚さんは、細いがゆえにゆがみや骨盤のズレが目立ちがち。やわらかい筋肉をつけてあげるのが最大の解決策★

① かかとを上げて屈伸
姿勢を正し、つま先立ちのままひざを曲げる×10回を3セット。ふくらはぎを鍛える！

② ストレッチでゆがみを矯正

あお向けになったら、片膝を曲げて、足を反対の脚のひざ横に置く。両手は大きく広げる。

上半身は動かさず、ひざを倒していく。そのまま10秒キープ、を各脚1回ずつ!!

③ お肉を移動させるマッサージ
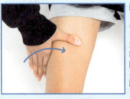
親指と人さし指で外ももの肉をはさんだまま、内側に移動させて脚のラインを修正。各脚5回を3セット。

④ ひざの老廃物を流すマッサージ

両手でひざを包み、親指を滑らせるようにして余分なお肉をひざの裏側に押し流す。各脚5回を3セット。

⑤ イスに座るときはひざをつけて座る

ひざをつけてきちんと座ると骨盤がゆがみにくくなり、内ももが鍛えられて、脚のラインがキレイに変化。

⑥ ネコ背防止にも役立つ体育座り

ペタンとなる横座りはO脚の原因に。床に座るときは体育座りがいちばん。骨盤を立て、背スジを伸ばして座ろう。

セルライトがたっぷりで、足首のないゾウ脚さん。冷えやすいコに多いので、まずは代謝をUPさせるべし♥

① セルライトを流す
太もものセルライトをつぶす感覚でつまむ。細かくつまむと逆効果なのでざっくりと♪
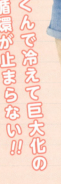

② テニスボールで足ツボ刺激
足の裏でテニスボールを転がそう。足裏を刺激することで、トイレの回数が増えて、老廃物を体の外に出せる★

山本姫香チャン

むくんで冷えて巨大化の悪循環が止まらない!!

この脚の問題点
★ 脂肪がつきやすい
★ たるみやすい
★ 全体的に冷えている

筋肉しっかりのゴツ脚さんは
脚全体をやわらかくする!!

乳酸がたまった、かたい筋肉を持つゴツ脚さんは、可愛げのない脚に見えて損。大事なのは筋肉をゆるめること！

❷ 筋肉を圧迫する
ふくらはぎを手のひらでゆっくりとつかんで圧迫し、離す。手の位置を少しずつ移動させながら各脚5回を3セット。

❶ 筋肉の形を整えるマッサージ
親指の腹を、すねの骨のキワに当て、筋肉を刺激するような力加減で下から上へと押し上げる。各脚5回を3セット。

この脚の問題点
★ 見た目がゴツくなる
★ 筋肉がかたい

❸ 筋肉のスジをゆるめるマッサージ

グーを横にして、同じように太ももの外側を押す。各脚3回を3セット。筋肉と筋肉の間をほぐすよ。

手をグーにして、太ももの外側を8分割してギュッギュッと押していく。各脚3回を3セット★

❹ ハイヒールをはく
ハイヒールをはくと足の裏が鍛えられるうえに、自然と姿勢も正しくなる。厚底靴は下半身デブを引き起こす！

❺ 湯船の中で脚をもむ
筋肉は温まると力を入れても痛くなくなるので、湯船の中で疲れを取り去るイメージで脚をもむ!!

❻ 歩き方をチェンジ

足裏を回すような感覚で、かかと→小指サイド→親指の順に足を地面につけて歩くと、脚全体を使って歩ける★

かたい筋肉でガードされたしっかりしすぎの脚、卒業

西尾美恋チャン

むくみでパンパンのゾウ脚さんは
リンパの流れをよくする!!

❸ ひざ裏のリンパ節を刺激
人さし指、中指、薬指をひざ裏に入れて、脚を前後に動かす。温かくなるまでやるよ。

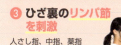

これでもOK

ひざの裏に、もう片方のひざがあたるように脚を組んで、上の脚を動かす。両脚やってね♪

❹ ペットボトルのフタで足裏トレーニング

ペットボトルのフタを足の指だけを使って持ち上げ、足の甲を伸ばしてできるかぎりキープ。足裏の筋トレだよ！

❺ 股関節をゆるめるエクササイズ
脚を大きく開き、ひざを90度に曲げて10秒キープ、を3回くり返す★ 血行促進効果大♥

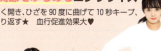

できるコは

余裕があるコは、そのままかかとを上げてつま先立ちになる。これも10秒キープ×3回。

❻ 熱めのお湯で全身浴
むくみに冷えは大敵。42〜43℃の熱めのお湯に10分以上全身つかろう。粗塩を入れると、効果倍増★

\ 体がかたくてもできる！/
脚が細くなるくずしヨガポーズ

参考にしたのはこの本
「本当に体が硬い人のためのくずしヨガ」（伊集院霞著）
体がかたいコのためのヨガ本だから初心者にもオススメ。
（¥1404／誠文堂新光社）

「ヨガで代謝をあげたいけど、体がかたいからムリ！」なんてのはいいわけにすぎない!! 今回は、体がかたいコ向けにアレンジした、脚ヤセに効果のあるヨガポーズの取り方をレッスン★ どのポーズも左右同様に行なってね！

撮影／堤博之

\ ポーズのまえに… /

3 イスを使い、片方の足裏を軸脚のつけ根におく。このまま3呼吸、キープしてね!!

2 肩と腰のラインをまっすぐにして壁に背中をつけ、片脚を引き上げたまま3呼吸キープ★

1 骨盤を並行にして、曲げた脚の足裏にタオルを通し、足を持ち上げる。これを左右各3回。

\ できるようになったら /

① 床につけていた足を、伸ばした脚のひざ下まで引き上げていく。手は、胸の前で合わせる。

② 手を使って、上げた足先を軸脚のつけ根におく。足首を痛めないように、足の指は開く！

\ くずすならこう!! /

目線は正面
腰に手を当てる
床につま先をつけておく

軸脚と押し合うように、軸脚と反対の足の裏を軸足のつけ根におく。腰に手をそえて体を安定させたら、呼吸を3回。

立ち木のポーズ
脚の筋肉を整えながら、体のバランスを取るポーズ♪集中力もUPするよ！

\ 正しくはこう!! /

右足を左脚のつけ根につけ、まっすぐ立つ。背スジを伸ばし、両腕が肩と水平になるように伸ばして合わせる！

\ 正しくはこう!! /

あお向けになり、息を吸いながらお尻を引きしめて床から持ち上げる。両手と足裏は床につけておく。

橋のポーズ
ふくらはぎや太ももの裏、さらにはお尻など背面部の筋力を強化するポーズ！

\ ポーズのあとは… /

全身の筋肉をゆるめるために、両ひざを両手でかかえて丸くなり、リラックスしてね♪

\ くずすならこう!! /

タオルで脚を固定する

両ひざを曲げ、お尻の近くにかかとをおいたら、ブロックを入れて自然にお尻を持ち上げる。

仙骨の下にブロックをおく
肩より上にブランケットを敷く

\ ポーズのまえに… /

2 体の後ろに手をつき、足は腰幅に開いてタオルで固定。お尻を持ち上げて3呼吸キープ。

1 肩甲骨の下にブランケットを敷き、胸の位置を高くして頭の上で手を組んだら、1分間リラックス。

\ 正しくはこう!! /

背中をそらし、両手で足首をつかんだら、ゆっくりと呼吸。そのまま20〜30秒キープしてね★

弓のポーズ
脚のつけ根をグッと伸ばしてくれる代表的なヨガポーズ。肩こり解消にも効果的だよ♪

\ くずすならこう!! /

タオルをかける
ももの間にブロックをはさむ
腰の下にブランケット

両足首にタオルをかけて、両手で引っぱる。ブロックをはさんでいるから脚に力が入るよ。

\ ポーズのあとは… /

背骨をまっすぐな状態に戻すために、体をツイストするように、左右3呼吸ずつねじる。

\ ポーズのまえに… /

肩甲骨の下にブロックをおき、大きく胸を開いて酸素をたくさん取り込む、を約1分間。

ヤセる！Popteen Part4 部位別ダイエット編〜脚〜

英雄のポーズ I

太ももの引きしめに役立ち、足首とひざの調子も整えてくれる、力強いポーズ★

くずすならこう!!
- 手は合わせずに上げる
- 腕は耳横ではなく斜め上へ

前脚の太ももを後ろに引くイメージでひざを曲げる。このとき、前脚のひざがつま先より前に出ないように注意して。

正しくはこう!!

右足を大きく前に出し、左足は正面から見て外側45度。右ひざを曲げ、両腕を頭上で合わせる。

ポーズのまえに…

3. 後ろ足のかかとを上げた状態で、前脚を曲げる。曲げる角度はMAX90度を意識して♪

2. 両ひじを90度に曲げ、息をはきながら前に踏み込む。胸を張って、3呼吸キープ！

1. 手のひらを頭上で合わせ、左右に3回ずつ上体を倒す。これで背スジがまっすぐになる♥

三角のポーズ

脚とお尻の筋肉をほぐして、脚のラインを矯正するポーズ。背スジもピンとなる！

くずすならこう!!
- 体を倒しすぎない
- 目線は正面か床

片足を外に向けて脚を大きく開き、つま先とひざは同じ方向に向ける★ 股関節から上半身を曲げ、手を伸ばして5呼吸キープしよう。

正しくはこう!!

両脚を開き、左足は外に向ける。上体を左に倒しながら、左手で左足首を持ち、右手を伸ばす。

ポーズのまえに…

NG バランスが悪いと、前に倒れ込んでしまうので、足裏を強く踏み込んでポーズをとろう。

3. ひざから骨盤までを壁につけ、伸ばした脚のかかとと曲げた脚のひざを一直線にして3呼吸！

2. イスを持って上側のひじを直角に曲げ、鎖骨と腕を一直線にしたら、上半身をねじって上を向く。

1. 腰を中心にして、円を描くように前後左右に動かして。股関節と骨盤まわりをほぐしていくよ。

英雄のポーズ III

足と腰が強化されて、バランス力がUP。全身のバランスが良好になるポーズだよ♪

くずすならこう!!
- 手を腰に当てる
- 前脚のひざは軽く曲げる

軸脚のひざを曲げて腰を安定させてから、上体を倒す。ひじは上に向けて、肩甲骨を少し寄せるようにする。

正しくはこう!!

軸足で体を支えて、息を吐きながら上体を倒す。指先から足先までが床と平行になるように意識★

ポーズのまえに…

2. 両手を後ろにやり、短く持ったタオルを左右に引っぱって、肩甲骨を寄せる。そのまま3呼吸。

1. ブロックに軸脚と反対側の手をおき、足裏は壁につけて、軸脚側の手は前へ。

英雄のポーズ II

後ろ脚の股関節に効いて、脚を引きしめるポーズ。ヒップアップにも効果的。

くずすならこう!!
- 目線は斜め前に!!
- 前脚のひざの角度をゆるめる

前脚のつけ根を外方向に回したら、両手を左右に伸ばす。背骨が床に垂直になるように背スジを伸ばし、前ひざを曲げよう。

正しくはこう!!

脚を大きく開き、左足は外、右足先は内側に向ける。両手は肩の高さで横に伸ばし、左ひざを曲げる。

ポーズのまえに…

3. 手で壁を押し、股関節を外に回して開く。壁とひざの間にはタオルをはさんでキープ♪

2. 足首とひざの角度を90度に保ち、ひざのお皿をワキの下に入れるように軽く引き、1分間キープ。

1. あお向けになり、ひざを立てる。太ももを手で1〜2回押して、股関節のつまりを取る。

51

乃愛・衣装／スタイリスト私物
ほのか・衣装／モデル私物

だれもがうらやむウルスベ
美脚を自分の手でつくる♥

使ったのはコレ！

〝するりら小町〟

SURURELA
するりら
MASSAGE
OIL JEL

自然派オイル配合

アロマティック
ハーブの香り

A Specil massage Oil gel
with blending 5 types of
natural Oil. Everyboby
become envious Your
beautiful legs.

引きしめ
サポート成分
配合

引きしめに特化した数多くの成分が、引きしめポイントまで浸透するからスッキリ美脚に♥

アロマの香り
で癒やされる

心も体もリラックスさせるかんきつ系の香りだから、一日の疲れを取るのにピッタリだよ♥

洗い流し不要
で使いやすい

オイルジェルタイプだから、オイルのしっとり感も、ジェルののびのよさもかねそなえてる!!

しっかり潤う
高い保湿力

オイルとジェルの最強コンビだから、保湿力が角質層までしっかり潤して朝までしっとり♪

問い合わせ先
一番星 カスタマーセンター
☎ 0120・97・4875

一番星 するりら小町　検索

4STEP
部位別
むくみ取り
マッサージ

流れを促進すれば、モチモチしたさわり心地の女らしい脚になれちゃうよ♥

withするりら小町

ヤセる！Popteen Part4 部位別ダイエット編〜脚〜

毎日続けることがいちばん大事！

この4STEPでむくみを取るよ！

さする ⇄ 押す
たたく ⇄ もむ

ツボを押して筋肉をゆるめ、さすって循環をスムーズに。もんで血行を促進し、たたいて肌を引きしめる!!

塗り方は下から上へ！

気持ちいいと感じる強さを目安にやるのがルール。足首から脚のつけ根に向けて塗り進めよう♪

お風呂あがりが効果大！

体が温まっているときがいちばん体がほぐれやすく、効果のあるタイミング♥お風呂あがりがベスト。

片脚に使うジェルの量はさくらんぼ大！

オイルジェルが少なすぎると、摩擦が起きて肌をいためたり、正しい効果が得られないから要注意！

むくみ取りマッサージの基礎知識

マッサージは正しい方法で行なうことが大事！効果を最大限に引き出すために基本をチェック。

 ④ 手のひらのまん中を軽くくぼませて、まんべんなくふくらはぎを交互にたたいたら終了！

 ③ ふくらはぎの側面に手をあて、ぞうきんをしぼるように動かしてまんべんなくもみほぐす。

 ② ふくらはぎに両手のひらを当て、手を交互に動かして、ふくらはぎをひざ裏までさすり上げる。

 ① 足首に両手のひらを交互に動かして、ふくらはぎをひざ裏までさすり上げる。ふくらはぎ全体を両手でにぎったら、下から上へ足首からふくらはぎにかけて、押していく。

ふくらはぎ〜足首ヤセマッサージ

ふくらはぎにはむくみに効果的なツボがたくさん♥しっかりほぐせば即サイズダウン！

 ④ 手のひらをくぼませたら、ももの全体をポンポンと音が出るくらいの強さでたたくよ。

 ③ 裏ももを両手でつかみ、ぞうきんをしぼるようにもみほぐす。ももが温まるまで行なおう！

 ② 両手を裏ももに添えたら、裏からお尻の境目まですべり上げる。片脚ずつ交互にやって。

 ① 裏ももを、手のひらで圧を加えながらにぎる。下から上に手をズラして全体を刺激する。両手で圧をかけながら、裏ももの中央には、脚のむくみやだるさ、疲れに効果的なツボがあるので重点的にプッシュ。

裏ももヤセマッサージ

 ④ 手のひらのまん中を軽くくぼませて、交互にまんべんなく内ももをたたく。

 ③ 内ももを手のひらでやさしく大きくつかみ、交互にまんべんなくもみほぐしていく。

 ② 内ももを両手のひらを当てたら、手を交互に動かして脚のつけ根まですべり上げる♪

 ① ひざ横に手のひらを添えたら、内ももから脚のつけ根にかけて、下から上へまんべんなくにぎる。

内ももヤセマッサージ

内もものひざの少し上あたりには冷えや血行促進、中央あたりには代謝UPのツボがあるよ。

After / Before
ほのばびも使ってみた！

太もも 45.8cm
ふくらはぎ 31cm
太もも 47cm
ふくらはぎ 32cm

「のびがよくて、すべりやすいからマッサージしやすかった。香りもよくて好きなかんじ♥」

「3日間使っただけでサイズダウン♥いままではむくんでたんかも。毎日ちゃんとケアします…」

細くてまっすぐな脚になりたい！

Let's MOTEASHI ♥

モテ脚になれる

むくみ知らずのスラリ美脚を手にいれたいなら、毎日のケアが超重要!! 保湿もできるジェルでリンパの

撮影／伊藤翔　ヘアメイク／齊尾千明(Lila)　スタイリスト／都築茉莉枝(J styles)

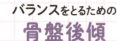

骨格がズレると腰まわりがもたつく！

ミッション 1
すべてのベースとなるから正しく整えるのが先決！

骨盤を正しく整えよ！

骨盤は上半身と下半身とをつなぐ体の土台。ここがゆがんでいると体全体のバランスがくずれ、下腹もぽっこり。まずはここから♪

ネコ背がもたらす 内臓の下垂
ネコ背は背骨が前に倒れた状態。背骨でつるされている内臓も一緒に下がって下腹ぽっこりに…。

←

バランスをとるための 骨盤後傾
骨盤が後ろに傾くとバランスを取ろうとして上半身は前かがみに。つまりネコ背になっちゃう！

←

生活習慣やホルモンによる 骨格のズレ
姿勢のクセや女性ホルモンの影響で骨盤内の筋肉のバンドがゆるみ、それがやがて骨格のズレに…。

朝&寝るまえの1回1分♥ 骨格ストレッチでズレを予防!!
ベッドの上でできるよ

② 下の脚を内側にゆっくり倒して15秒キープ。これを片脚ずつ2～3セット。続けることで体型が変わるよ。

① あお向けに寝て片ひざを立て、そこにもう片方の脚をのせる。リラックスした状態でやるのがコツ。

FORME高円寺
清水先生の施術も受けられる！
事前に電話で予約する必要があるよ。⒠東京都杉並区高円寺北2の6の4 泉ビル7F ☎03-3336-6775 HP*http://www.forme-g.jp

教えてくれたのは
清水六観先生
美容矯正士。体型のくずれの原因として"骨盤のゆがみ"に着目。即効性のある骨格矯正テクを持つゴッドハンド！

骨格のズレは生活習慣のなかで意識を変えれば改善できる!!

寝方

胎児のポーズで寝るのがオススメ♥
横向きで体を折り曲げ、脚が重ならないように寝る。クッションをはさむといいよ。

うつぶせでもOK!!
枕に顔がうずまると息ができないから、枕と顔の間に手を入れて呼吸するスペースを確保して寝よう。

NG
あお向けだと、骨盤が沈んで後ろに傾き、ゆがみの原因に。寝ているだけでネコ背になる危険が！

歩き方

足先は軽く開く

大またで歩いてV字歩行★
つま先を外に向け、足を前に踏み出すのが、骨盤をゆがめない歩き方。見た目的にも歩き姿勢がキレイになるよ♥

NG
骨盤が後ろに傾いている人はひざが前に出る歩き方になりがち。このままだとお尻もタレちゃう。

座り方

① ② ③

深く腰かけてもひざが開かない座り方！
一度座ってから、軽くかかとを引く。手で支えながらおしりを約1cm浮かせ、両ひざをピッタリくっつけたまま腰を下ろすのが正解★

NG
脚の力を抜いて座ると、またが開いて股関節も開きっぱなしに。このままだと骨盤がゆがんじゃう！

立ち方

できるコはつま先立ちに！

ジャスミンゆまチャン

電車でやるときはつり革を持とう
足をV字に開き、ひざからくるぶしまでをくっつける。この状態でお尻をキュッとしめたりゆるめたりして！

NG
肩幅に足を開き、足に力を入れてドーンと立っている状態は、骨盤が開きっぱなし。体が外にゆがむ原因になるよ。

くびれをGETせよ☆

い部分だよね。ストレッチやマッサージ、生活習慣や腸内環境からもアプローチして、憧れのくびれを手に入れる方法、教えます！

ヤセる！Popteen Part4 部位別ダイエット編～ウエスト～

ミッション 2

女っぽいラインが欲しいなら ストレッチのほうが有効♥

ストレッチで しなやかなラインをつくる！

しなやかな色っぽいくびれをつくるなら、ストイックに筋トレするよりも、ストレッチで体をやわらかくするほうが効果大!!

❶ 腰まわりのストレッチ

あお向けになり、両ひざの裏を抱える。このとき、下っ腹に軽く力を入れて上体を起こそう。

腰を丸めながら、脚の反動を使って起き上がり、もとに戻る。①②の動きを60秒続ける。

❷ 下腹スッキリストレッチ

あお向けになり、片方のひざ裏を抱える★ このときも下っ腹を意識して力を入れておく。

伸ばしている脚を勢いよく持ち上げる。なるべく腰はそらないように、左右各10回！

教えてくれたのは

佐久間健一先生
ボディーメイクトレーナー。スタジオ『CharmBody』代表。著書『体幹リセットダイエット』が110万部超え！

❸ お尻まわりのストレッチ

上から見ると

うつぶせになったら、ひざを外に開き、足首を交差させる。両手はあごの下でスタンバイ。

①の姿勢のまま、できるところまで脚を浮かせる。そのまま30秒ほどキープすると◎。

❹ ワキ腹のストレッチ

NG

上体を倒すとき、斜め前に倒れてしまうとワキ腹がしっかり伸びないので気をつけてね！

①の姿勢のまま、ワキを伸ばす感覚で上体を真横に倒す。左右交互に、合計1分続ける。

あぐらをかいた姿勢のまま、両ひじを組んで頭の上に持っていく。下っ腹に力を入れる！

筋肉をつけたいなら

ドローインも効果的!!

筋肉で引きしめたいなら、おなかに力を入れながら呼吸をする〝ドローイン〟がオススメ。簡単だから、どこでもできるよ♥

おなかに力を入れたまま口から少しずつ息を吐く。息を吐ききるまで10秒はかけよう！

後ろで軽く手を組み、胸を張っておなかをふくらませながら息を吸う。息は鼻から吸うよ。

くびれをつくりたいなら、息を吐くとき、斜めに上体を倒すとサイドの筋肉が鍛えられる。

息を吐ききるときは上体を倒しながら。回数の目標は立てず、やれるときやる習慣をつけて。

❺ 横腹バランスストレッチ

NG

脚を上げ下げするときに、上体がズレて骨盤が下がってしまうと効果ナシ！

脚の上下運動を左右各30秒。軸脚のひざが曲がらないように注意しながらやろう。

脚は腰幅に開く。ひざが90度になるまで、片脚をまっすぐ持ち上げていく★

座ったままでもOK!!
やり方は立ってやるときと一緒。ちょっとのすき間でドローインを続ければ体が変わる！

ミッション1と2でくびれの土台が完成

ウエストヤセ編

4つのミッションをクリアして、いつでもおなか見せOKボディーに進化をとげる!!

しなやかな鬼

キュッとしまったウエストこそ、女らしさの象徴♥ 水着の季節になるまでに、集中的にしぼりた

撮影／堤博之、伊藤翔[P.55]、蓮見徹[P.57]

ちょっと痛いくらいがベスト♥
体型別老廃物除去マッサージ！

体型別にオススメなおなかヤセマッサージ法を教えるよ！　一日3分を目安にやってみてね★

ミッション 3
マッサージで筋肉を刺激せよ！

筋肉を刺激しながら脂肪細胞を流すべし！

おなかまわりについた脂肪を減らしたいなら、筋肉に働きかける"ミオドレナージ"が有効♪　血流と一緒に脂肪細胞も流していこう。

\\参考にしたのは//
『ミオドレ式お腹やせダイエット』
筋肉の老廃物を除去するメソッド"ミオドレナージ"で人気のサロン・ソリデンテ南青山の院長が提案！（¥1080／池田書店）

デトックスマッサージ　下半身デブなコ向け

3 ろっ骨の下＆下腹部を両手で同時につかみ、ぞうきんをしぼるようなイメージでひねる！

2 おへその横をグッとつかみ、ひねる。つかむ位置をわき腹側に移動して、同様にひねる。

1 ろっ骨の下の中央を両手でつかみ、内→外に向け、3回にわけてわき腹までつまんでいく！

セルライト除去マッサージ　下半身ポッコリなコ向け

3 へその下にある皮下脂肪を手でもむようにつかむ。お肉をひきはがす感覚で!!

2 親指を脚のつけ根に当て、Vライン全体を押すようにマッサージしていくよ。

1 手をグーにしてろっ骨にグッと押しつけ、力を入れたまま恥骨に向かって流す。

内臓刺激マッサージ　ずんどうなコ向け

4 おなかの前面だけでなく左右もほぐすと、リンパと血液の循環がスムーズに♥

3 おへそのまわりは、内臓脂肪が蓄積されるポイントなので奥までつかんで離す。

2 腸の終着点である左下部分をグッと強めに押して、老廃物の排出を促す★

1 両手を下腹部にあて、円を描くようにマッサージ。約2cmへこむくらいの圧で♪

腸刺激マッサージ　便秘がちなコ向け

3 そのまま押し流すように、脚のつけ根までマッサージ。これもくり返して、排便を促そう。

2 腸の終わりである、左下腹部を片手でつかんで押す。数回くり返して刺激する！

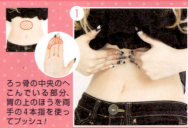
1 ろっ骨の中央のへこんでいる部分、胃の上のほうを両手の4本指を使ってプッシュ！

56

ヤセる！Popteen Part4 部位別ダイエット編〜ウエスト〜

ミッション 4
便活で内側からスッキリさせよ！

腸内をキレイに整えればぽっこりおなかも解消★

便秘が原因のぽっこり下っ腹のためには便活が必要。美腸をかなえて、いい便をスムーズに排出できれば、自然とヤセ体質にもなる♪

便活 1　食べて中から出す!!
便を出やすくするものをおいしく食べる♥

腸にいい栄養素をたっぷり含んだ食材を積極的に食べて、体の内側からキレイになるのが大切。

発酵食品をとろう！

発酵食品は善玉菌が多く含まれていることで有名。納豆やキムチ、チーズや牛乳などが一例♪

和食は発酵食品の宝庫♥
みそやこうじ、漬けものなど和食でよく使われるものも発酵食品。和食中心の生活だと取りやすい。

食物せんいをとろう！

水にとける水溶性食物せんいは、腸内で善玉菌のエサとなるほか血糖値の上昇を抑える働きも★

一日200gはヨーグルトを食べて!!

乳酸菌たっぷりで美腸の味方★　2週間食べて効果がなかったら、メーカーをチェンジ！

腸内フローラを整えよう！

日和見菌 7 : 悪玉菌 1 : 善玉菌 2

腸内フローラとは、腸内細菌の生態系全体のこと。善玉菌が優勢になると日和見菌が味方して、いい環境になる♪

教えてくれたのは
●小林メディカルクリニック東京院長　**小林暁子先生**
小林弘幸先生の奥さまで、自身も2.5万人以上の便秘患者の治療に携わる医学博士。メディアでも活躍中。

●順天堂大学医学部教授　**小林弘幸先生**
日本初の便秘外来を開設した、まさに腸のスペシャリスト★ 本の執筆はもちろん、メディア出演も多数。

便活 4　生活改善で美腸力を高める！
生活を少し見直して快便習慣を身につけよう★

体をリラックスさせる自律神経と腸内環境に、ダブルで効果のある生活習慣がこの7つ。きょうからトライして便秘にサヨナラしよう♥

❷ 起床後はコップ1杯の水を飲む

朝イチの水の重みで腸が刺激され、ぜんどう運動が活発化。昼も夜も食前に1杯の水を飲むのがGOOD。

❶ 1対2の呼吸を行なう

吸って〜 吐いて〜
9 8 7 6 5 4 3 2 1
10 11 12

深呼吸は副交感神経を高める手軽なスイッチ。鼻で息を吸うときの長さの2倍の時間をかけて口から息を吐き出そう♥

❹ 夜遅く食べるときはいつもの半量に！
夜は食べすぎ厳禁だよ！
食後、寝るまでに3時間の余裕がとれない場合は、食べる量を減らすこと★ いつもの半分くらいが目安。

❸ 朝食をきちんと食べる

もぐもぐ
体内時計を整えるためにも朝食はマスト。時間がないときは、バナナ1本やパウチゼリー飲料でもOK！

❺ ぬるめのお湯で半身浴
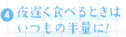
約38℃のお湯に15分つかると、副交感神経が高まり、深部体温が上がる♪ 入浴後はすぐ寝るのがベスト。

❻ ゴールデンタイムに寝る

zzz　zzz
夜中の0時は腸にとってもゴールデンタイム。腸の動きを促すためにも0時には寝ているのが理想。

❼ 眠るまえはリラックス

ふわぁ〜
アロマや音楽などでリラックス♪ 興奮すると逆効果だから、いくら好きでも、聴く音楽には注意して！

ミッションクリアで美くびれ出現！！

便活 2　腸の動きを活性化するエクササイズ
便をスルッと出やすくするためには筋肉も必要！

便を出すためには、腸や肛門の筋肉が必要不可欠。しっかり鍛えておかないと、体内に不要物が滞ってしまうよ！

腸を動かす 腸トレ
腸のぜんどう運動を促すための腸トレは、寝るまえに行なって、腸を動かすと効果的！

腹式呼吸腹筋運動

あお向けになり、おへそを見るように上体を上げて20回。腰の下にはクッションを入れて。

さかさ自転車こぎ

あお向けになり、両手で背中をささえて体を起こす。そのまま自転車こぎを約30秒！

排便を促す 肛門トレ
肛門の筋肉がにぶると、便がたまっても脳に伝達されない!! 意識的に鍛えてね★

またわりスライド

❶ 足は肩幅より広めに開いて、まっすぐ立つ。股関節を伸ばすイメージでやろう。

❷ そのままの姿勢で、息をゆっくり吐きながらひざをできるだけ深く曲げていく。

❸ 太ももにひじをのせ、重心を右足にかけて10秒キープ。反対側も同様に♪

便活 3　自律神経を安定させるストレッチ
体も心もリラックスできる一石二鳥のトレーニング

腸内の筋肉を使って便を排出しようとする動きは、リラックス時に働くから、ストレッチで体をリラックスさせるのが効果的。

冷えも解消される 腕伸ばし

❶❷ 反対側も同様に10回後ろに引く。つかまれている手は親指と人さし指と小指を立てる！
左手で右手首をつかみ、左ひじをしっかり伸ばしたら、さらに右ひじを10回後ろに引く。

上半身も引きしまる 全身伸ばし

❶ 腕を上げ、頭上で手首を交差させたら、肩幅に開く。息を吸い、全身を上に伸ばす。
❷ 息を吐きながら、上半身をゆっくりと前に1回倒す。ムリせず、倒せる角度まででだいじょうぶ。

あなたはどのタイプ？

日本人に多いブスなお尻は次の3タイプ。自分がどのタイプか見極めて、トレーニング!!

タレ尻タイプ
このタイプの特徴
- □ ネコ背でくびれがない
- □ お尻全体が下がってる
- □ 下っ腹が出ている

前から見ると、おなかが前につき出ていて、さらにネコ背。お尻の筋肉が使えていないので、太ももも太くなりがち！

渡辺リサチャン

タレ尻さんは 下尻の筋肉を強化！

お尻の筋肉が少ないタレ尻さんは、お尻と太ももの境目があいまい。だからこそ、鍛えるべきは下尻の筋肉。

1 内ももに効く カエルストレッチ
① よつんばいになり、ひじを床につけたら、脚を開き、カエルのような姿勢をとる。
② お尻とおなかを引き上げたまま、体を前後に動かす。お尻をつき出すイメージで10回。

2 内ももとお尻に効く ワイドスクワット
脚を開き、つま先は約45度開いて立つ。両手を前に伸ばし、腰をゆっくり落とす…20回。
（横から見ると）

3 お尻のほっぺに効く クラム（ひざ開き）
頭、骨盤、かかとが一直線上にくるように横向きに寝たら、ひざの開け閉じ運動を15回。
（上から見ると）

出っ尻タイプ
このタイプの特徴
- □ お尻全体がデカい
- □ 体のラインが極端にS字
- □ 太ももの前&外側が太め

骨盤が前傾していて、腰がそっているので体のS字が大きくなりがち。内またになりやすくて、お尻は横に広がっている。

出っ尻さんは 前ももを伸ばす!!

出っ尻さんは、女子に多いよ。腰がそって、太ももの前側の筋肉が固まりやすいので、ストレッチが重要★

1 内ももとお尻に効く スパイダーストレッチ
両手を床につけたら、片脚は伸ばし、逆脚は立てる。手は肩の下に置いて、20秒キープ。

できるようになったら、両ひじを床につけて上体の位置も落とすと、より高い効果アリ♥
（できるコは…）

2 股関節に効く 肩入れストレッチ
① 脚を大きく開き、ひざを約90度に曲げる。両手はひざの上に置き、腰をまっすぐ落とす。
（横から見ると）
② 肩を床に向けつつ、上体だけを左右にねじる。胸は開いたまま、骨盤を動かさずに5秒キープ。

ペタ尻タイプ
このタイプの特徴
- □ お尻に厚みがない
- □ 上半身も細い
- □ 骨盤が後ろに傾きがち

頭が前にとび出したネコ背が特徴。体全体はスリムだけど、バストトップは下がり、くびれもなくて、疲れやすい！

ペタ尻さんは 股関節を動かす!!

ペタ尻さんは、細くてボリュームもなく、ペンギンみたいにペタペタ歩きがち。股関節の動きに注目!!

1 太もも裏の タオルストレッチ
あお向けで片脚を上げたら、手に持ったタオルを足裏にかけ、タオルを引き寄せて10秒。

2 お尻全体に効く レッグアップ
まっすぐ横向きに寝たら、片脚を宙に浮かせ、空中に0から9の数字を書く。つま先は外に向けて。

3 お尻のほっぺに効く よつんばいキック
① 手を肩の下に置き、おなかを引き上げてよつんばい。ひざを曲げたまま片脚を横に開く。
（前から見ると）
② 浮かせた脚を斜め後ろに蹴り上げて、戻す動きを30回くり返す。骨盤の向きは真下！
（前から見ると）

に大変身♥ トレーニング!!

後ろ姿が美しくなる、プリッと上がった丸いお尻を手に入れるエクササイズをお尻のタイプ別にレクチャー！ すべてのエクササイズは左右とも同回数やってね★ レッツ#尻トレ!!

撮影／蓮見徹

人生が輝く！ 美尻の3条件♥

① 太ももとの境界がはっきりしている
太ももとお尻の境界線がきちんとあることは、お尻が上を向いている証拠ってこと！

② お尻のトップが高い
お尻上部の筋肉が発達してて、トップの位置が高い★ これによって、脚も長く見えるようになる。

③ 丸みがある
ある程度の脂肪によって出現する、丸み。横から見たときに曲線を描いているとGOOD。

\教えてくれたのは／
●パーソナルトレーナー **渡部龍哉**サン
ヒップアップを専門としたジム"hip joint"の代表兼トレーナー。数多くのモデルやタレントのヒップをサポートする、美尻のスペシャリスト！

ヤセる！Popteen Part4 部位別ダイエット編～お尻～

ワンポイントアドバイス！

歩くとき意識するのは下尻のこと！
無意識に歩くのではなく、下尻をキュッと引き上げることを、つねに意識しながら歩くのが大事。

スマホの位置は高めにして見る
スマホを下のほうで持つと、首が下がってネコ背が悪化。スマホは胸より上で持って見よう！

5 裏ももとお尻に効くワンレッグバランス

② お尻をつき出したまま片脚のつま先をじょじょに上げていき、浮かす。このまま20秒キープ。

① 脚を肩幅に開き、お尻を後ろにつき出すかんじで、ひざを少し曲げて立つ。背スジはまっすぐね！

4 骨盤を整えるスタンディングクラム

② そのままの姿勢で骨盤を動かさないように押さえながら、ひざを開く…を15回。

① まっすぐ立ち、片脚の内くるぶしを反対脚のひざの内側にくっつける。このとき、手は腰にあてる。

ワンポイントアドバイス！

おなかを引き上げるようにして立つ♪
頭の上を引っぱられている感覚で、おなかを引き上げて立つことでS字が緩和されてまっすぐに。

前ももを伸ばすためストレッチ
片ひざを曲げ、後ろで足を持って前ももを伸ばす！ 気がついたときにこのストレッチをやろう★

5 お尻のほっぺに効くヒップエクステンション

② そのままゆっくりと片脚を斜め後ろに20回上げる。このとき、下尻が引き上がることを意識しよう。

① おなかを引き上げた状態でまっすぐ立つ。背スジはピンッとさせ、両手はイスにそえておく程度。

4 下尻に効くスタンディングヒップアップ

⬇そのままの姿勢をキープして、片脚を斜め後ろに伸ばす。20回上げ下げしたら、反対の脚も同様に！

⬆イスの背もたれに手を置き、お尻を後ろにつき出すイメージで、ひざを軽く曲げて立つ。脚は肩幅。

3 お尻が上がるワイドヒップリフト

脚を開いてあお向けに寝る。ひざを曲げ、お尻に力を入れながら、お尻全体の上げ下げを20回行なう。

ワンポイントアドバイス！

浅く腰かけて骨盤を立てて座る
骨盤が後ろに傾かないように、座るときはイスに浅く腰かけて、骨盤を立てることを意識！

デコルテを上げて視線はやや高め♥
デコルテを少し上に向けるようにしてまっすぐ立つと、背スジが伸びて、骨盤のゆがみ防止に。

5 肉感が出るブルガリアンスクワット

① 片足の甲をイスに置き、頭からひざが一直線になるように上体を前傾させ、10秒キープ。

② そのまま体を上下に10回動かす。ひざを曲げるのではなく腰を落とすイメージで！

4 下尻を鍛えるフロッグエクササイズ

① うつぶせになり、ひざを開いて、両足のかかとをつける。お尻は力を入れて引きしめる。

② ①の姿勢をキープしたまま、両ひざをできるだけ浮かせる。そのまま20秒キープ。

お尻ヤセ編 タレ尻 出っ尻 ペタ尻 お尻を鍛えて、後ろ姿美人 **タイプ別 美尻**

59

顔が大きくなる3大要因は 脂肪 骨格 むくみ だった!!

そもそも、生まれたときの頭がい骨の大きさに大差はないのに、顔の大きさに違いが出るのは、日ごろの生活習慣に原因があった!

\教えてくれたのは/
小顔矯正サロンQpu

人気モデルも多数通っている、小顔矯正専門サロン。20分の施術で確実にサイズダウン★ 全国に16店舗を展開中。
HP＊http://qpu.jp

代表の猪瀬サンのアカウントはためになる情報がいっぱい!
Twitter(@ukinose)、Instagram(@qpu_ino)は小顔以外にも脚ヤセやダイエットに関する情報満載♥

原因 2 ｜ 1㎜の違いで印象が激変! ｜ 骨格

日常生活でついたゆがみに関するケアは、正しく行なわないともっとゆがむことになるかも!?

正しい知識のないセルフケアは無意味!!

\ JKのやりがちセルフケア、ここがNG! /
ゆがみやはれを引き起こす可能性の高い、やりがちケアのNG点を指摘します!!

圧を与えながらマッサージ
リンパを流すのに、強い力をかけると顔がはれちゃう! 引き上げながら行なうなんてもってのほか!

ヒマさえあればコロコロ
筋肉は力を与えるとゆるむ習性があるけれど、長時間やりすぎると逆にはれる危険性もある!

グッと押してセルフ矯正
圧を加えると実際に骨は動くけれど、整えるためには頭がい骨に関する正しい知識が必要。

原因 1 ｜ まずはヤセるのが重要! ｜ 脂肪

ヤセたら自然と顔もほっそりするのは当然のこと。脂肪の原因となる食生活を見直して!

食生活を見直して脂肪を落とそう!!

適度な運動をする ｜ **小麦粉食品をやめる** ｜ **体に悪いものを食べない**

運動すると脳がスッキリして、メンタルが安定♪ 過食を防止するためにも、体を動かそう!!

じつは中毒性が高く、食欲を増進させる効果もある小麦製品。糖質制限よりも小麦抜きがベター!

健康的な食生活をしても、添加物を摂取してたら、プラマイゼロ。まずはお菓子をやめよう!

原因 3 ｜ 顔の筋肉だって疲れている! ｜ むくみ

食べ物をかむときに顔の筋肉を使ってるんだから、食後はしっかりほぐしてケアしよう♪

筋肉のコリをほぐしてゆるめよう!!

リンパマッサージはさするだけでOK!!

リンパは強い力をかけなくても流れる!! おでこ→耳前、あご→耳前、耳→首スジの順でサッと指でさするだけで改善される。

表情筋トレーニングはたるみ防止に効果的!

ちなみに

お え う い あ

顔を大きく動かして「あいうえお」という体操は、表情筋が鍛えられるから、表情も明るくなるよ!

咬筋には…

口をあけて指でグリグリ

人さし指、中指、薬指の3本をあててやさしくほぐす。指の位置をズラしながら、全体をやろう。

側頭筋には…

両手のひらをあててほぐす

痛すぎない程度の力加減で側頭部に手のひらをあててグルグル。なるべくたくさんやってね!

ゆるめるべきはココ!

側頭筋
頭のサイドにある大きな筋肉で、下あごを動かす働きをするよ。奥歯をかみしめたときにはり出すあたり。

咬筋
奥歯をかみしめたときに、ふくらむあたりにある、ほお骨まわりの筋肉。物をかむ働きをするところだよ★

部位だからこそ小さくなりたい願望は強め!!（切実）

セルフケア講座 ♥

1年中見えている顔こそ、いちばんサイズダウンさせるべき部位。いろんな要因で大きくなってしまった顔を、いまよりもっと小さくするために正しいセルフケアをしよう!! 顔が小さくなればきゃしゃな印象にもなれるはず♪

撮影／堤博之

STEP 1 首と肩のストレッチで血行を促進!!

まずはコリをOFFすることが大原則！ どの動きも左右同様にやってね♪

❷ 頭の後ろで、ひじを持ったら、息を吐きながらひじを地面の方向に5秒間引く。

❶ 手のひらを上に向けて片腕を前に伸ばしたら、息を吐きながら反対の手で指先を胸のほうに5秒間引く。

基本姿勢はこう！
イスに浅く腰かけ、ひざをくっつけて座る。肩の力は抜いて自然にね！ 呼吸は鼻でしよう。

口呼吸は冷たい空気が肺にダイレクトに伝わり、体を冷やしてしまうから×！

1回やるだけで即小顔化♥
フェースラインがシャープになる
モテ顔エクササイズ

小顔フェイシャルヨガインストラクター・仲里あやねサンの1時間レッスンの内容を特別に紹介!! 1回で確実にサイズダウンするし、表情も明るくなってモテ顔に♥

教えてくれたのは
仲里あやねサン
元タレント。自身の経験から小顔フェイシャルヨガインストラクターとして"仲里式メソッド"を指導中。

Information
インスタグラム(@ayanenakazato)では小顔テク動画をCHECKできるよ！
HP＊http://motekogao.com/

❹ 左耳の上に右手の指を置いて、引っぱるようにストレッチ。首のサイドが伸びるよ。

❸ 頭の後ろで、両手を組んだら、手で頭を押しながら首を前に倒して5秒キープ！

仲里式 小顔メソッド3STEP

1 ストレッチでコリをOFF
2 表情筋を鍛えながらマッサージ
3 あごのラインのトレーニング

ポイントは2のストローをくわえて筋肉を鍛えながら行なうリンパ流し！ 効果をあげるためにあらかじめコリを取り、最後にトレーニングをプラスするよ♪

❻ 両手をクロスし、鎖骨のくぼみの下に指を入れたら、ほぐして老廃物を流すよ。

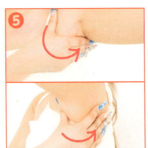
❺ ワキの中央に親指以外の4本を入れたら、すべらせてほぐれるまでマッサージ。

\ れいぽよは全部💧 /
あなたはいくつあてはまる？

デカ顔をつくるNG生活習慣チェック

☑ ネコ背でスマホを見てる

ネコ背＆下向きでのスマホの操作は顔のたるみや2重あごの原因になるよ！ スマホを見るときは顔の正面がベスポジ★

☑ 気を抜くと口が開く

口角がキュッとしまっていることが小顔の基本だよ！ 筋肉がないから口があいてしまうのかも!?

☑ ほおづえをつく

肌のたるみを起こしやすいポーズ!! 片側ばかりクセがついてるとリンカクもゆがんじゃう！

☑ あまり笑わない

自分の笑顔が嫌いといって写メではキメた盛り顔ばかり。口元の筋肉がコリかたまってる可能性大!!

\ 1回のエクササイズでこんなに変わる /

After　　　Before

STEP 2 ストローをくわえながら顔マッサージ

リンカクをシャープにするため、ストローをくわえながら、トレーニングとマッサージを同時に行なうよ。

①息を吐きながら左右の眉毛と眼球の間を押す。目頭、黒目上、目尻の3か所を各5秒プッシュ。

②人さし指の腹で両こめかみをグーッと押す。5秒間プッシュを3セットやろう★

③人さし指、中指、薬指の3本を左右両方のかみ合わせ部分にあてて、10秒間ほぐす。

基本姿勢はこう！

舌を前歯の裏に当て、唇だけでストローをくわえて15〜20分キープ。マスクをするとやりやすい。

ストローの太さはファストフード店のものくらい！

マスクの中でこっそりエクササイズできるよ♪

④両手をグーにしたら、関節と関節の間の平らな部分で、エラから口角横をほぐす。

⑤左右の鼻のつけ根に指を当てて10秒マッサージ。こすらないように注意して！

先生ヨーシャーない!!!

STEP 3 おもしろ顔で表情筋のトレーニング

あごのVラインがシャープになると3kgヤセて見えるらしいから、しっかりトレーニングして小顔をGETしよう！

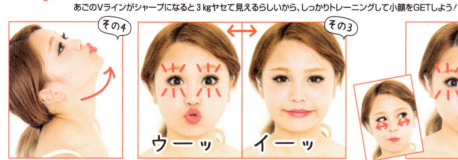

その1 1点を見つめて目を見開く。ひたいが動かさないようにおでこは手で押さえよう。5秒×5回。

その2 口いっぱいに空気を含んで目を見開き、黒目の上下運動と左右運動を各5回行なうよ。

その3 前歯の裏側に舌をつけた状態で、口を横に開いて〝イーッ〟という口の形にしたら、口をつき出し、目を見開きながら〝ウーッ〟。これをリズミカルに10回くり返す。

その4 唇の内側を見せるようにつき出して〝ウーッ〟の口にしたまま、顔を上げて5秒キープ♪

仲里式 外出先でもこっそりトレーニング

まわりの目を盗んで、こっそり小顔トレ♥ 回数に制限はないから、気づいたタイミングでやろう！！

目をパッと見開いて水分補給 口をつき出して〝ウーッ〟の口にしながら飲み物を飲む。目もしっかり見開いてね！

唇を巻き込んで変顔ストレッチ 唇を吸い込んで〝ん〟の形にすると、顔が引きしまるだけでなくセクシーな唇になる♪

ブリッコポーズで温める♥ フェースラインがコリかたまるのを防ぐために、自分の体温で顔全体を温めるよ♥

授業中にもできるほおほぐし ほお骨下に手を当ててグリグリ。考えてるフリをしながらできちゃうマッサージ♪

エクササイズで美乳♥

まずはエクササイズで美乳のベースをつくるよ。難しいものではないので毎日の習慣にして、キレイな形の胸に近づこう♪

その2 胸式タオル

タオルを両ワキの下を通して持ち、鼻から息を吸って胸をふくらませたら、口からゆっくり吐きつつ、ギューッとタオルを前でしぼる。

＼タオルの位置はココ！／

タオルの位置を3段階にズラしてやると、ろっ骨をしぼりきることができる★ 背の高いコは4段階で。

その1 壁タッチ

壁から30cm離れ、脚を肩幅に開いて壁に背を向けて立つ。腰をひねり、両手で壁にタッチ。やりにくいほうを多めに合計30回。

＼できるようになったら／

慣れてきたら体ひとつ分、壁にタッチする距離を伸ばす。肩甲骨にジワジワ効くようにゆっくりとひねるよ★

マッサージで美乳♥

めぐりをよくするマッサージはお風呂あがりがベター。クリームやオイルですべりをよくしながら流してね♥

2

指の関節を使って、鎖骨の中心から肩のつけ根に向けて、くるくると円を描くようにすべらせてコリを取っていく♪

4

胸のリンカクをくっきりさせるツボをプッシュ。谷間の少し上からみぞおちまで親指の腹でぐりぐり押していこう。

6

ワキから谷間まで両手の小指側を使ってさすり上げる。ツボ押しした部分にラインをつけるイメージでやろう♥

1
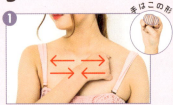
手はこの形

鎖骨の中心から肩のつけ根までを、人さし指と中指の第2関節を使ってググッと押し流していくよ。

3

谷間にそってみぞおちまで、胸骨の筋肉をはがすイメージで、左右それぞれ、指の関節を使ってほぐす。

5

みぞおちからワキまでバストの下のラインをツボ押し。指1本分ずつズラしながら進むのがポイントだよ。

谷間くっきりでふわふわなマシュマロ美胸になっちゃお♥

教えてくれたのは…

COCIA先生
美胸セラピスト。研究のすえ、独自のバストアップ法を開発。自らの胸もAカップ→Fカップに育てた!!

COCIA
表参道にあるバストサロン。バストに関するあらゆるお悩みを解決してくれる♥
HP＊http://aroma-cocia.com
先生の施術も受けられるよ

美乳をGETした〜い！ How to バストの育て方♥

美乳の条件はおわん形でバストのリンカクがぼやけていないこと。そしてなめらかなデコルテ。バストまわりも含めて美しく整っている美乳になるためのテクニックをしっかりマスターして、女らしさを強調していこう♥

撮影／蓮見徹　ヘアメイク／水流有沙(ADDICT_CASE)

ヤセる！Popteen Part4 部位別ダイエット編〜美胸〜

ハミ出しクイズ
バストアップ口コミ Yes or No

豆乳がいいとか胸をもむとか、それって都市伝説！?ってことで先生、本当のことを教えてください！

教えてくれたのは…
シロノクリニック恵比寿
中川桂先生
美容ヒフ科シロノクリニックの医師。ナチュラル美を創出するマスター★

手を合わせて筋トレ
「胸の前で手を合わせ、グッと押し合って、大胸筋を鍛えれば胸も大きくなるよ♥」（大城杏奈゚）

 ○
「乳腺組織の土台である大胸筋を鍛えることで、胸が大きくなるということはあります」

豆乳を飲む
「バストアップに効く豆乳は、寝るまえに飲むのがいちばん効果的って聞いたから実践中！」（深月光゚）

 ○
「女性ホルモンと似た作用をもたらすので効果は期待できますが、時間は関係ないです」

胸をもむ
「もまれるのが効果的だけど、好きな人からじゃなきゃ意味ないんだって！（笑）」（松岡利奈゚）

 △
「乳腺を刺激し、バストアップに効果的ではあるけれど、続けてやっと変化が出るレベル」

胸を大きく揺らす
「小刻みにゆらすと小さくなるけど、胸を大きくゆらすのは効果的らしいよ♪」（佐藤鈴奈゚）

 ×
「大きくゆらすと、乳腺を支えるクーパーじん帯が伸び、胸がたれてしまうので注意して」

ブラ選びで美乳♥

サイズの合わないブラやヨレヨレのブラをつけていると、胸の形がくずれたり育たなくなっちゃうから要注意！

ブラにしっかりお肉をおさめる方法

 ③
ワキに持ってきた肉を胸の中心に動かし、肩ひもを引く。カップをさわるとお肉が逃げるのでNG!!

 ②
手全体を使って背肉をつかみ、ワキへ持ってくる。ブラのワイヤーをワキに近づけるイメージで引き上げる

 ①
ブラひもの中に手を通して背中へ。広範囲の背肉をつかむため、あいている手でひじを押し込む。

Q.どんなブラを選べばいいの？
♥ ワイヤー入りのものを選ぶ
♥ 買うたびに測り直す
♥ 気持ちのいい装着感

胸を正しくおさめてホールドするのがブラの役目。買うときは必ずサイズの測り直し＆試着をしよう！

バストを大きくしたいコは
おなかや二の腕の肉もブラにおさめて!!

背中はもちろん、おなかや二の腕の肉もバストへもってこよう。トイレのたびにやると、習慣づくし、お肉が流れにくい。

二の腕の肉はこう！

② あいている手でブラのワイヤーを上げながら、つかんだワキまわりの肉を移動させてしっかりホールド！

① 腕をさすってほぐしたら、ブラから手を通し、反対側の指先からワキへしっかり肉を持っていく!!

おなかの肉はこう！

② 片手で下から肉を押し上げ、ブラから出した手にパス。2回パスしたらワイヤーでお肉をしっかりホールド。

① ブラの中から手を入れ、下のワイヤーから指先を出す。前かがみになっておなかの肉をゆるめよう★

生活習慣で美乳♥

せっかくケアしてても、胸によくない生活をしていると効果半減。美乳になるために、日常生活のなかでできる、簡単なことをレクチャー。意識を変えて、効率よく美乳をGETして♪

バストを大きくしたいコは
コリや冷えにも注意して

冷えやコリなどは、胸を大きくする女性ホルモンの分泌を妨げるので×。ちなみに、恋のときめきでも分泌が促進される♥

全身のコリを取る！
足をほぐすことで、体全体のコリを取ることにつながるから、念入りにマッサージしよう!!

 ③
つま先とかかとを持ち、ぞうきんをしぼるイメージで土踏まずをしぼる。内臓の疲れをOFF。

 ②
手の指の関節を使ってゴリゴリがなくなるまで足の甲をほぐす。指のつけ根をさくように1本1本をほぐす。胸や肩甲骨まわりのコリが解消♪

 ①
まずはつま先をほぐすよ。指のつけ根をさくように1本1本をほぐす。これで肩のコリがとれる！

冷やすのはNG！

胸は冷えやすいので要注意。ホットタオルでデコルテを温めると筋肉のこわばりがほぐれて効果的♥

その3 バランスのいい食生活
胸のもとになるたんぱく質中心の食事が基本。亜麻仁油かエゴマ油をスプーン2杯取れると理想的♥

その2 胸元のあいた服を着る

ミニをはくと脚が細くなるのと一緒で胸に対して意識的になれるのがポイント。隠すより出して育てよう！

その1 大の字で寝る
 zzz
手脚を大きく開放して寝ると胸が育ちやすいよ。うつぶせは胸がつぶれちゃう！

その6 姿勢を正して生活する

OK / NG
ネコ背は胸が閉じて下がっていくので×。ワキに後ろからペンをさして生活すると肩が内に入るのを防げるよ♥

その5 胸をほめる♥
バストに対して前向きな気持ちを持つと、美乳になりやすい♥ マイナスの言葉をかけちゃダメ！

その4 手のひらを上にして歩く

手のひらを上に向け、腕を大きく後ろに振って歩くのが◎。こうすると、肩甲骨の可動域が広がって胸の位置が上がるよ♪

バストアップ編
ふわふわバス
女っぽスタイルに欠かせない

背中編

背中あきの女っぽトップスを着たいなら背中のムダ肉はNG！自分から見えない部位こそ、気合いを入れよう。

肩甲骨がしっかり浮き出たスッキリ背中で色気も放出♥

家なら 肩甲骨パタパタ運動

① 両手を頭の後ろで組み、両ひじを羽のように前後に大きく羽ばたかせる。大げさに動かすと効果が高まるよ。

② 両手首を腰の後ろに回して、両ひじを動かしやすい角度に曲げる。そのままひじで前後に大きく羽ばたく。

③ 両手の指先で肩に触れ、左右のひじで円を描くように内向きと外向きにクルクル。コリやむくみにも効果的！

公園なら 鉄棒で斜めけんすい

肩幅よりも広めに鉄棒をにぎったら、腕と脚をまっすぐ伸ばす。ひじの曲げ伸ばしをくり返してけんすいをする。

高い鉄棒ならぶら下がりけんすい

学校なら ネコ背ストレッチ

① イスに座り両手を頭の後ろで組み、ひじだけ後ろへ引く。おなかに力を入れて胸を開こう。
② 両ひじを胸の前でくっつけるように近づけ、頭を抱えながら背中の上のほうだけ丸める。

二の腕編

半そでの季節につきまとう二の腕の悩み…。腕をふったときにプルプルするぜい肉対策はしっかり行なって〜！

女らしさのある細い二の腕でモテの季節が到来しそう♪

家なら 二の腕ねじり

① 脚を軽く開いて立ち、背スジを正して両手を横に広げる。鼻から息を吸いながら手のひらを上にねじる。
② 吸った空気をすべて出すように大きく息を吐きながら手のひらを下向きにねじる。10回1セットでやろう♪

学校なら 二の腕引き上げトレーニング

肩を支点にして腕を後ろへ引きながら二の腕に力を入れる。バッグを持ちながらでもOK！

公園なら ベンチでディップス

ベンチの前に立ったら、脚を地面につけたまま両手をベンチにつき、ひじを曲げ伸ばし、逆腕立てふせ♪

夏の肌見せファッションを着こなす 背中&二の腕トレーニング!!

家！学校！公園！どこでも引きしめたい！

若いうちに肌見せファッション楽しんでおかなくちゃ〜！と思っても、露出した部分がたるんでたらカッコ悪い!! どんなシチュエーションでもできる引きしめトレーニングで、着たい服を着こなせる、モデル級ボディーづくりに励もう♥

Part 5 食事 編

短期間で結果を出したいなら、やっぱり食事制限！ただし、リバウンド率も高いものも多いから、極端なことは避けて、食生活を見直すことから始めよう♪

撮影／伊藤翔　ヘアメイク／齊尾千明(Lila)

part 1 ムダなカロリーをブロック！ マインドでコントロール

おなかがすいたからって欲望のために食べ続けたら太るに決まってるから、自分でセーブ。

ちなみに 生理中に食欲が増加するのは女性ホルモンが原因！

生理まえ＆生理中は女性ホルモンがたくさん分泌されるから、ふだんに比べて1〜2割ほど多い栄養が必要。また血糖値の上下の波も激しいため太りやすくなる。

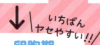

月経期（生理中） ← 黄体期（生理まえ10日〜1週間） **いちばん太りやすい!!**

↓ **いちばんヤセやすい!!**

卵胞期（生理後約1週間〜10日） → 排卵期（それ以外）

 生理中に体重が増えるのはしかたない…けど食べていいわけじゃない!!

とまらない食欲はごまかしテクでやりすごす!!

腹もちのいいものを食べる

 バナナ 甘くて食物せんいが豊富なバナナは便秘解消効果アリ。豆乳と合わせて食べると栄養価もUP★

 こんにゃく 低カロリー代表のこんにゃくは、水分を吸ってふくれるので、腹もち最高。便秘解消にもお役立ち!!

軽い運動をする

体がコリ硬まっていると精神的にも不安定になるので、負担のない軽い運動を一日5分ほど続けるとGOOD。

 ラジオ体操 簡単なのに適度な運動量のあるラジオ体操は第1と第2をセットで行なおう。

 ヨガ ヨガは血流改善を助けてくれる＆精神的にリラックスできるので、オススメ。

一日の食事回数を増やす

 ムダな間食を増やすくらいなら、一日3食の食事量を5〜6回に分けて食べ、つねにおなかを満たしておくと◎。

アロマでリラックス

 アロマオイルには心を落ち着かせる効果があるので、お気に入りの香りで心の底からリラックスするべし！

私たちはこうしてる♥ JK発 食欲セーブのクチコミ15！

ちょっとした食欲を抑えるための方法は意外とたくさん♪ すぐに試せそうなネタだけを集めてみたよ★

氷を食べる

バキッ
氷はかみごたえがあるから食べた気になるのに、0カロ★ 食べすぎるとあごが痛くなるので要注意!!

0カロの炭酸を飲む

炭酸は、おなかをふくらませてくれるスグレもの♥ 飲むならもちろん0カロリーをチョイスするべし！

トイレ掃除をする

トイレ＝くさいから食欲も減少。食欲は減るけど、ママからの評価が上がって、臨時収入GETできるかも!?

テンションの下がる画像を待ち受けにする

思わず食欲がなくなる画像は効果テキメン。コレはマヨネーズ70gとセロリ3kgが同カロリーの写真。

モデルの画像を見たあとに鏡を見る

ちょっと残酷だけど、現実に気づかされる荒療治。あまりのショックに食べる気もどこかに去るはず。

耳ツボを押す

耳の前側にある小さなくぼみに、過食を防ぐ〝飢点〟というツボがあるよ！ 親指を使ってグーッと押すと効果的。

サングラスをかける

色が鮮やかじゃないと食べ物がまずそうに見える。なかでも、青は食欲を減退させるので青サンが◎。

とりあえず寝る

寝ちゃえば、おなかがすいていたことなんて、どこかにふっとぶ★ しかも、たくさん寝れば美肌効果もアリ♥

タオルを巻く

タオルをきつめに体に巻いて、コルセット代わりにするとおなかがすかない。ゆかたのときと同じ原理！

マスクをする

マスクをすると、いちいち取るのがめんどくさくって、食べることをあきらめる…なんて意見多数。

タオルでエアおやつ

タオルをかんでおやつ代わりに…。無謀なように思えるかもだけど、これこそ最強の0カロおやつかも！

メンソール入りのリップを鼻の下に塗る

鼻の下がスーッとすると食欲が去っていく♪ 塗りすぎると痛くなる場合もあるので気をつけてね★

くつ下のにおいをかぐ

はいたあとのくつ下や汗をかいたTシャツなど、想像するだけで食欲が逃げてしまうにおいがキメテ。

「食べたら●●」と妄想する

食べたら不幸が起こるとか、食べたら彼氏が一生できないとか…自分を自分で脅迫する心理作戦（笑）。

大食い動画を見る

人がたくさん食べている動画を見て、満足するパターン。YouTubeで大食い動画を見まくって食べた気に♪

そもそも食べすぎなければ太ることはないから!! コントロールする！

そもそも、太る原因は〝食べすぎ〟。ムダ食いのもとになる食欲をコントロールし、余計なカロリーを抑えれば、ダイエットだってスムーズに進むはず♥

撮影／蓮見徹［P.68］、堤博之［P.69］、伊藤翔［P.70〜71］

68

ヤセる！Popteen Part5 食事編

しっかり調整して脂肪にしない！ヤセ子の48時間スケジュール

part 2
たくさん食べるとわかってる日は前後24時間で調整！
48時間リセットでコントロール！

食べまくる予定のある日は食べすぎ防止の準備、その翌日は脂肪をつきにくくする対策を！

1日目 8:00 朝ごはんはご飯半分
あらかじめ一日の糖質摂取量をセーブ。寝てる間に使った糖質を補給するためにも、少しはご飯を食べて！

（抜くのはNG!）

1日目 10:00 きょうは間食もNG！
もともと食べないべきだけど、夜にたくさん食べる予定があるなら絶対ダメ。ムダなカロリーはカットすべし。

1日目 13:00 お昼ごはんもご飯半分
お昼もご飯を半分に。まったく食べないと血糖値の増減が激しくなり、太りやすくなるから少しは食べて♪

ちなみにそのころデブ子は／きょうは食べるから走っておく
走って消費したエネルギーを体が欲するから食欲増進。走って消費できるカロリーはわずかなので逆効果！

教えてくれたのは 安藤宏行先生
これまで1200名以上を手がけたパーソナルトレーナー。理想の体に導く肉体改造のプロ！
ブログで情報を発信中！！
正しい体のつくり方をいろんな視点から紹介してるよ。ぜひアクセスしてね♪
HP＊https://andohiroyuki.com

1日目 16:30 食べホのまえにこんにゃくゼリー
こんにゃくに含まれる食物せんいが、吸収をおだやかにさせる働きあり！脂肪になりにくくする効果が♥

1日目 17:00 友だちと食べホ！／おしゃべりしながらゆっくり食べる
人間の脳が"おなかいっぱい。"と感じるのは食べ始めてから30分後。ゆっくり食べると食べすぎを防げる。

食べすぎ防止のピッタリボトム
スキニーパンツやコルセットベルトなどでウエストを圧迫。物理的にごはんが食べられなくなって効果的。

ちなみにそのころデブ子は／とりあえず食べまくる
イッキ食いは、脳が"おなかいっぱい。"と感知するまでの30分間にごはんを食べすぎる可能性が高い！！

1日目 21:30 お風呂のまえにストレッチ
リラックス効果を高めるためだから、ムリせず心地よく感じる程度に体を伸ばそう。

ちなみにそのころデブ子は／帰宅したらそのまま寝てた…
寝ている間にリラックスできないと、爆食いスイッチON。寝落ちはもってのほか！寝る準備を整えてから眠ろう。

1日目 22:00 全身浴でリラックス
入浴は食後1時間以上たってから。熱すぎない温度（約40度）の湯船にゆっくり全身つかってね！

1日目 24:00 マッサージをして就寝
むくみを感じたら、足首からふくらはぎに向けてやさしくなで上げてリンパマッサージ♪

2日目 7:00 朝ごはんはおにぎり1コ
7時間睡眠で朝に起床。おなかがすいていなくても、おにぎり1コか食パン1枚は食べてエネルギーを摂取！！

2日目 11:00 気分転換にストレッチ
両手を上げてから、ひじを斜め後ろに引いて肩甲骨を寄せる動きで8秒キープ×3セット。

ちなみにそのころデブ子は／起床！体重増えてないって奇跡!!
食べたものが体重の数値に表われるのは2日後。翌日に体重の変動がなかったからといって油断するのはNG！

2日目 12:00 昼ごはんは食べ順に気をつける
汁もの→野菜→肉や魚→ご飯の順で食べると糖の吸収がおだやかに。満腹になるからご飯の量も自然に減る♪
（よくかんで食べよう／モグモグ）

2日目 15:00 おやつが食べたくなったらスクワット
運動するとアドレナリンが出て食欲がおさまる。ムショーに何か食べたくなったらその場でスクワットしてみよう！！

2日目 17:00 有酸素運動で脂肪燃焼
前日食べたぶんが脂肪になるのは仕方ないから、そのぶんついてる脂肪を燃やそう。20分以上続けて行なってね。

2日目 18:00 ごはんのまえにストレッチ
女性は下半身が太りやすいから、足を反対のひざにかけて上体を倒すお尻のストレッチがオススメ。

2日目 18:30 夜ごはんは炭水化物控えめ
おかずに、いもやかぼちゃなど糖質の高い野菜があるなら、ご飯は食べなくてもいいけど糖質抜きはダメ！！
（いも類を食べるならご飯なしでもOK）

ちなみにそのころデブ子は／夜ごはんはサラダだけ
野菜のほとんどは水分。つまり"野菜だけ"は水を飲むのと一緒。最低限の糖質とたんぱく質は取ろう！

2日目 20:30 テレビを見ながらストレッチ
こまめに体を動かすため、ヒマがあればストレッチ。うつぶせから上体を起こして腰まわりを伸ばす。

2日目 24:00 パジャマで就寝
良質な睡眠をとるためには、暑すぎないカッコで寝るのが重要。睡眠に適したパジャマで眠ろう。

3日目朝 体重変化なし!!
デブ子は2kg増
（よっしゃ！）

マインド　48時間リセット　サプリ
あらゆる手段で食欲を

ヤセる！Popteen Part5 食事編

\食べるの大好き♥/
バランス美容食の **らにゃ** が1週間お試し！

実際に、らにゃが〝なかったコトに！〟を1週間お試ししてみた♪ イベント続きで不規則な長期休み、らにゃの食生活とともにレポート。

ふだんのらにゃの食生活って？

本当は朝も昼も夜もガッツリ食べたい！！ 食べることが大好き♥
「さすがに撮影期間は気をつかってるけど、基本的には3食しっかり食べたいタイプ！」

脂っこいものと炭水化物が大好きで好物はトンカツ！
「トンカツを食べるときは、お昼にするとか気をつけてる。本当はいっぱい食べたい（笑）」

アイスにケーキ…甘いものも大好物♥
「甘いものを食べるときは朝に食べるよ！ そうすればカロリーが消費されるかなって♪」

最近は食事を減らしても体重が減らない停滞期！

before
163cm
46kg

「最近、47.8kgまでになっちゃって、スムージーで落としたけど、46kgから減らなくて悩んでる。食べてないのに体重が減らないってストレス…」

1日目

朝
「朝が早かったから、豚のしょうが焼きなどしっかり食べて元気チャージ！ ご飯は雑穀米♪」

昼
「食べ順を気にして、サラダを食べてから、トマトとモッツァレラのパスタを食べた♥」

夜
「お花見の屋台で、フランクフルトを1本。あしたもイベントだから夜ごはんはこれだけ!!」

💩 1回　体重 **47.1kg**

2日目

朝
「イベントのケータリングがあると思ったから、朝は低糖質抹茶プリンといちご♥」

昼
「イベントで露出度の高い服を着たから、もっとスタイルよくなりたいなって思いが強まったよ」

夜
「昼はケータリングのカレー（写真忘れた）、夜は豚丼。昼は、サプリ飲むの忘れた（汗）」

💩 0回　体重 **46.6kg**

3日目

朝
「朝は抹茶のシュークリーム♪ 甘いものも適度に食べてる★ サプリ飲むの、忘れちゃった」

昼
「お昼はガッツリ食べたいから、チーズ野菜ドリア♥ チーズも野菜もたっぷりでおいしかった」

夜
「次の日もイベントだったから、夜はココア味のスムージーだけ！ 寝るだけだから問題なし」

💩 0回　体重 **46.7kg**

4日目

朝
「イベントで体力をつかうから、朝からガッツリ！ 肉豆腐や菜の花、カプレーゼなどを食べたよ」

昼
「ドーナツ2コ、ピザ、31のアイス…ケータリングや差し入れが豪華で食べすぎちゃった」

夜
「夜はドリンクだけにしようと思ってたのに、打ちあげでおすしが出て食べてしまった…」

💩 1回　体重 **46kg**

5日目

昼
「12時まで寝てたから朝ごはんはなし！ お昼はアサイー味のスムージーを飲んだだけ」

夜
「次の日のショーのため、スタバのソイラテだけ。前日、食べたわりに体重増えてなかった」

💩 0回　体重 **46.1kg**

6日目

朝
「ショーに向けて気合いを入れて、ピーチシェイクとカプレーゼとチョコパン3つ!!」

昼
「ケータリングのチキン弁当！ おいしくて完食♥ お昼もしっかり食べたよ」

夜
「出番が終わって、チキン弁当。お昼と同じメニューを食べた（笑）。体重は45kg台に!!」

💩 1回　体重 **45.8kg**

7日目

昼
「11時に起きた。トマトサラダ、パン3つ、お豆腐チーズ、オレンジジュースの組み合わせ」

夜
「イベント続きでがんばった自分へのごほうびで、チーズナン、アップルナン、チキン、ラッシー♥」

💩 1回　体重 **46kg**

\感想/
飲むと安心感があった
体重が減るとかはないけど、食べすぎても体重が増えなかったのはうれしかった♪

おなかいっぱい食べたい!!
置き換え&かさまし満腹ごはんレシピ

カロリー制限のために少量のごはんでガマンするストレスとは無縁の、ボリューミーごはんレシピをどうぞ!

平藤李子チャン発
低カロリーでも満腹
牛肉チョップドサラダ

ドレッシングいらずの濃厚ボリューミーサラダ☆

材料(1人分)
トマト小1コ、アボカド1/2コ、キャベツ2枚、大根30g、きゅうり1/2本、牛肉15g、にんにくの芽1束、オリーブオイル大さじ4、塩・こしょう少々

① チョップドサラダなので野菜はサイコロ状にカットする。まずはトマトから切っていく。

② ほかの野菜もトマトと同じように、サイコロ状にカット。カットしたら、器に盛っておく。

③ 食べやすく切ったお肉とにんにくの芽をオイルで炒めて、塩とこしょうで味つけする。

④ ②の上に炒めた③をのせる。オイルはドレッシングの代わりになるのですべて一緒に★

材料(8本分)
豚ひき肉150g、しょうが大さじ1、しょう油大さじ1、みりん大さじ1、だしの素小さじ1/2、ごま油小さじ1、塩・こしょう少々、片栗粉大さじ1/2、もやし1袋、春巻きの皮8枚、薄力粉小さじ1、水小さじ1

① 豚ひき肉、しょうが、しょう油、みりん、だしの素、ごま油、塩こしょう、片栗粉を混ぜる。

② ある程度混ざったら、もやしを入れてラップをする。それを600Wのレンジで6分加熱★

③ 加熱後はひき肉をほぐしながら混ぜて、具を皮にのせて包む。薄力粉と水をのりの代わりに使用。

④ 春巻きの両面にごま油(分量外)を薄く塗って、鉄板に並べる。210℃のオーブンで10分加熱。

北野晏理チャン発
揚げないから安心!
もやし春巻き♥

もやしで満足度かさまし 火を使わないのもポイント

荒木広世チャン発
愛とボリューム満点
ささみハンバーグ♥

カロリーOFFはもちろん 見た目の可愛さも忘れずに♥

材料(2コ分)
ささみ2切れ、高野豆腐1/2丁、玉ねぎ1/2コ、塩・こしょう少々、うま味調味料少々、オリーブオイル適量、市販のデミグラスソース適量

① ささみはスジを取り除いてから、すりばちでミンチにする!フードプロセッサーでも◎。

② 水につけてやわらかくした高野豆腐と玉ねぎのみじん切りを①のささみと混ぜ合わせる。

③ 塩・こしょう・うま味調味料で味つけをしたタネの空気を抜き、ハート形にするよ♥

④ オリーブオイルでハンバーグをしっかり焼く。仕上げにデミグラスソースをかけて完成!

材料(1人分)
キャベツ3〜4枚、合びき肉150g、セロリ1/4本、トマト缶100g、塩・こしょう少々、コンソメ小さじ1、とろけるチーズ1枚

① ラザニアのパスタ代わりになるキャベツをお湯でゆでる。しんなりするくらいがベスト。

② フライパンで、合びき肉と細かくカットしたセロリを、しっかり火が通るまで炒めていく。

③ ②にトマトを入れ、ミートソースをつくる★ 味つけは塩とこしょうとコンソメでするよ。

④ 器にキャベツとミートソースを交互に重ねてチーズを上に。トースターで10分焼く!

高木沙織チャン発
チーズがトロトロ♥
キャベツラザニア

セロリとキャベツで糖質を抑えたヤセ活メニュー!

大川まさきチャン発
体にすごくやさしい♥
ダイエットねばねば麺

キムチ&納豆の発酵パワーでデトックスもできる♥

材料(1人分)
オクラ4本、納豆1パック、マグロ100g、プチプチ(海藻麺)1袋、キムチ適量、温泉卵1コ、ポン酢適量

① オクラはまわりのトゲを塩で洗ってから、サッとゆでる。ゆであがったら、細かくカット★

② 納豆はしっかり混ぜる。混ぜれば混ぜるほど、おいしくなるよ。マグロもひと口大にカット♪

③ 麺をお皿に盛りつける。0カロリーだから、ダイエット中でもたくさん食べられてうれしい!

④ 麺の上にマグロ、納豆、キムチ、オクラを入れて、温泉卵をのせたら、最後にポン酢をかけて完成。

加藤瑠留チャン発
めんをしらたきにチェンジ
しらたき明太子パスタ♥

のどごしツルリ 置きかえ食材で低カロを実現☆

材料
しらたき1袋、明太味のパスタソース1人前、飾り用大葉1枚

つくり方
しらたきをサッと湯通しし、市販の明太パスタソースとあえたら、大葉を散らす。

高木沙織チャン発
お肉をトマトに置きかえ!!
トマ玉ボリューム丼

ボリュームがハンパないから満足感!!

材料
トマト2コ、しょう油大さじ1杯、卵2コ、ごま油(炒める用)適量、ごはん1人前

つくり方
とき卵はしょう油で味つけ。ざく切りしたトマトと一緒に炒め、ごはんの上にのせる。

カロごはんレシピ♥

食べないダイエットは、成長期のJK的に×! ってことで、ダイエット中でも食べられる、簡単おいしい低カロメニューをお届けするよ。

撮影/尾藤能暢[P.72〜73]、You Ishii[P.74]、蓮見徹[P.75]

ごほうび低カロスイーツレシピ

たまにには甘い物が食べたい!!

やっぱ女のコはスイーツが大好き♥ どうしても食べたくなったときは、手作りおやつでおなかも気持ちもたっぷり満たそう!!

高澤凪チャン発 きなこ&黒蜜がけ お豆腐アイス♪

材料(2人分)
絹ごし豆腐150g、すりごま適量、砂糖適量、黒蜜適量、きなこ適量

2. なめらかになった豆腐にすりごまを加える。すりごまの量は自分の好みでだいじょうぶ。

1. 豆腐をボウルに入れて、なめらかになるまでつぶす。トロトロになるまでやろう♪

4. 冷凍庫で1時間ほど冷やしてかためる。器にあけたら、きなこと黒蜜をトッピングして♥

3. 味を確認しながら、砂糖と黒蜜を足して、さらに混ぜていく。砂糖は控えめを意識してね。

サッパリした味がクセになるおしゃれな和スイーツ

児玉遥チャン発 チアシードIN フルーツ牛乳寒天♥

材料(4〜6コ分)
牛乳400ml、水200ml、粉寒天2g、チアシード適量、好みのフルーツ適量

2. 火を止めて鍋の中の液を冷ます。あら熱がとれたことが確認できたら、容器に移し替える。

1. 鍋に牛乳、水、粉寒天を入れて、沸騰するまで弱火で混ぜる。沸騰後も2〜3分混ぜ続けてね♪

4. 冷蔵庫で冷やして固まるのを待つ★ 最後にフルーツを盛りつければ、できあがり!!

3. 水でふやかしておいたチアシードを、容器の中に適量入れる。量は自分の好きなだけ♥

甘さが足りないときは、はちみつを足すのが◎!!

鈴木ももチャン発 腹もちバツグン! プチおからクッキー

便秘解消にも効果アリのおからでもちもち食感♪

材料(20〜25コ分)
おから100g、薄力粉150g、ベーキングパウダー4g、砂糖大さじ4、塩ひとつまみ、卵2コ、牛乳か豆乳適量、粉砂糖少々、ツヤ出し用卵黄1コ

2. ツヤ出し用卵以外のすべての材料を①のボウルに入れ、しっとりするまでよく混ぜる。

1. まずはおからをしっかり砕く! 口当たりのいいクッキーをつくるための重要ポイント★

4. といた卵黄を、はけでタネの表面に塗ったら、200℃のオーブンで15〜20分焼いて完成♥

3. 手やスプーンを使って食べやすい大きさに整える。②のタネに抹茶やココアを加えても◎。

桃璃美夢チャン発 さっぱりクリームの いちごロールケーキ

ヨーグルトでかさましたクリームと0カロ砂糖の融合

材料(1本分)
(生地)卵4コ、ホットケーキミックス60g、ラカントS砂糖大さじ2 (クリーム)ギリシャヨーグルト100g、生クリーム100g、ラカントS砂糖大さじ1 いちご適量

2. つぎにクリームをつくる! ヨーグルトと生クリームと砂糖をなめらかになるまで混ぜて★

1. 湯せんにかけながら10分といた卵に、砂糖とホットケーキミックスを入れてしっかり混ぜる。

4. 生地に②のクリームをまんべんなく塗って、カットしたいちごを並べて巻いていこう!

3. クッキングシートをしいたバットに①を入れ、200℃のオーブンで10分焼いて生地づくり。

ヤセたい!けど食べたい… おいしく食べながらヤセ活できる神メニューをイッキ見せ!

ワガママをかなえる低

バランス◎ ワンプレートおしゃごはん

見た目のテンションもあがるメニューがいい！

野菜:たんぱく質:炭水化物のバランスを3:2:1で食べるとバランスよし！彩り豊かなワンプレートごはんにすれば比率もわかりやすい♪

レシピを教えてくれたのは
栄養士・フードスペシャリスト **庄司文絵先生**
ヘルシー料理研究家としてテレビや雑誌などで"おいしいヘルシーレシピ"を提案している。

先生が教室をしているサロンは…
Eternal Beauty Kitchenにて『美』Class担当。
☎03-6427-5811
HP＊http://www.eternal-beautysalon.com/

ヘルシー女子カフェごはん
1人前 計507kcal

見た目もポップでキュート❤
女のコの好きなもの大集合

豆乳キッシュ
材料(2人分) たまねぎ1／4コ、小松菜1束、オリーブオイル小さじ1、卵2コ、豆乳80ml、岩塩小さじ1／4、ブラックペッパー少々、粉チーズ大さじ1、冷凍パイシート1枚

つくり方

1. 薄切りにしたたまねぎと4cmほどに切った小松菜をオイルでしんなりするまで炒める。

2. 卵と豆乳、岩塩、ブラックペッパー、粉チーズを入れて混ぜたら、冷ました①も加える★

3. タルト型にパイシートを敷き220℃で10分空焼き。②を流し入れて220℃で15分焼く。

クリスピーチキン
材料(2人分) 鶏胸肉(ひと口大)200g、コンソメ小さじ2、塩・ブラックペッパー適量、小麦粉・卵各適量、クラッカー5枚

つくり方 鶏肉に調味料で下味をつけたら、小麦粉→卵→砕いたクラッカーの順で衣をつけ、200℃のオーブンで15分焼く。

ヨーグルトシーザーサラダ
材料(2人分) レタス100g、トマト1コ、ヨーグルト50g、低カロマヨネーズ小さじ2、岩塩小さじ1／3、アンチョビペースト小さじ1／2、ブラックペッパー少々、砂糖小さじ1／2、おろしにんにく小さじ1／3、粉チーズ小さじ2＋小さじ1(トッピング用)

つくり方 食べやすい大きさに切った野菜にそのほかの材料を混ぜてつくったドレッシングをかける。

ビタミンいっぱいパスタ皿
1人前 計660kcal

とにかく野菜たっぷりでボリュームも文句なし！

ロールキャベツ
材料(2人分) ひき肉140g、塩小さじ1／4、こしょう適量、たまねぎ60g、にんじん30g、卵1／2コ、キャベツの葉2枚、エリンギ1本、水300ml、コンソメ小さじ1／2

つくり方

1. ひき肉に塩、こしょうを入れてこね、みじん切りしたたまねぎ、にんじんと卵を加える。

2. ①をしっかり混ぜたら、ゆでたキャベツの葉で包む。スープ用にエリンギを長めに切る。

3. コンソメと水を煮立て、②の巻き終わりを下にし、エリンギとともに弱火で20分煮込む。

グリル野菜サラダ
材料(2人分) アスパラ2本、ズッキーニ1／2本、オリーブオイル小さじ1、グリーンリーフ50g、エキストラバージンオイル大さじ1、白ワインビネガー大さじ1／2、岩塩・ブラックペッパー適量

つくり方 ズッキーニとアスパラをオリーブオイルで焼き、それとすべての材料を混ぜれば完成！！

プッタネスカ
材料(2人分) にんにく1／2かけ、アンチョビ小さじ1／2、オリーブオイル大さじ1、トマト缶1／2缶、ミックスビーンズ1／2缶、はちみつ小さじ1／2、パスタ50g、塩・ブラックペッパー少々

つくり方 にんにくをみじん切りし、アンチョビとオリーブオイルで炒める。トマト缶とビーンズ、はちみつを加えて煮詰めたら、固めにゆでたパスタと絡め、塩とペッパーで味を整える♪

栄養も愛も満点な和食御膳
1人前 計353kcal

ほっこりあたたか和食膳❤
バランスのよさが自慢!!

トマトとアボカドの白あえ
材料(2人分) トマト1／2コ、アボカド1／2コ、絹ごし豆腐150g、練りごま小さじ2、はちみつ小さじ1、しょうゆ小さじ1、塩少々

つくり方

1. トマトとアボカドは2cm角に切る。アボカドには酢(分量外)をかけて変色を防止してね！

2. 水気をよくきった豆腐と練りごま、はちみつ、しょうゆを食感が残る程度に混ぜ合わせる。

3. ①と②を混ぜ合わせて、塩少々で味を調えればできあがり！まろやかでやさしい味に❤

ささみの梅肉あえ
材料(2人分) 鶏ささみ2本、梅干し2コ、しょうゆ小さじ1／2、はちみつ小さじ1／2

つくり方 ひと口大にしてレンジで2分加熱したささみと、包丁でたたいてしょうゆはちみつと混ぜた梅干しをあえる。

きのこ雑炊
材料(2人分) だし汁300ml、しょうゆ小さじ2、酒小さじ2、玄米1／2カップ、しめじ50g、エリンギ1本、塩少々

つくり方 鍋にだしとしょうゆ、酒を煮立て、炊いた玄米としめじ、エリンギを加えて混ぜる。最後に塩で味付け。

満腹❤絶品洋食プレート
1人前 計603kcal

グラタン＆サンドイッチで腹もちナンバーワン★

サケの豆乳グラタン
材料(2人分) サケの切り身2切れ、塩・こしょう適量、たまねぎ60g、オリーブオイル大さじ1／2、小麦粉大さじ1、豆乳200ml、粉チーズ適量

つくり方

1. サケはひと口大に切り、塩・こしょうで味つけしてから200℃のオーブンで5分焼く。

2. 薄切りにしたたまねぎをオイルで炒め、しんなりしてきたら小麦粉をふるい入れる。

3. ②に豆乳を加えて混ぜたら、①も加えて混ぜたら、器に入れる。粉チーズをかけてオーブンで5分焼く。

玄米サンドイッチ
材料(2人分) 玄米パン2枚、低カロマヨネーズ小さじ2、アボカド1／2コ、レモン汁小さじ1、レタス2枚、トマト1／2コ、むきエビ4尾

つくり方 パンは片面にマヨネーズを塗り、ひと口大に切ったアボカドにはレモン汁をかける。パンにレタス、トマト、アボカド、エビをのせてはさむ。

ミモザサラダ
材料(2人分) ベビーリーフ100g、プチトマト5コ、砂糖小さじ2、酢小さじ4、塩小さじ1／4、ブラックペッパー少々、オリーブオイル小さじ1・1／2、卵1コ

つくり方 水きりしたベビーリーフと4等分にカットしたプチトマトを盛りつけ、ドレッシングの材料(調味料すべて)を混ぜてかける。卵はゆで卵にし、すりおろす♪

10代ダイエットの味方 豆腐アレンジ♥

お金のかからないレシピが知りたい！

カロリーを抑えるための食材でいちばん人気は豆腐。毎日食べているとあきてしまう…ってことで、簡単でおいしいトッピングバリエをお届け♥

※材料はつくりやすい分量で記載しています。

最高の相性♥ 明太マヨネーズ豆腐

材料 木綿豆腐1／2丁、明太子1腹、マヨネーズ大さじ2〜3、塩ひとつまみ、のり少々

つくり方 ほぐした明太子とマヨネーズと塩をなめらかになるまで混ぜる。豆腐の上に混ぜたものをのせ、仕上げにのりを少しふりかける。

ダイエットの味方！ 納豆キムチやっこ

材料 絹ごし豆腐1／2丁、納豆1パック、キムチお好みの量、ごま油大さじ1.5、韓国のり適量

つくり方 納豆とキムチを混ぜ、豆腐にのせる。ごま油と納豆のたれをかけ、最後に韓国のりをひと口大にしてのせたらできあがり。

とろーり♥ベーコン チーズ温やっこ

材料 絹ごし豆腐1／2丁、マヨネーズ小さじ2、スライスチーズ1枚、スライスベーコン1枚、しょうゆ小さじ1／2、黒こしょう適量

つくり方 豆腐の上にマヨネーズとチーズをのせてレンジで1分半加熱。焼いたベーコンとしょうゆ、黒こしょうをかける。

デザートみたいな 黒みつきなこ豆腐

材料 絹ごし豆腐1／2丁、きなこ適量、黒みつたっぷり

つくり方 お皿に豆腐を出したら、水きりをし、きなこ→黒みつの順でかけるだけ。黒みつは多ければ多いほど甘いけど、カロリーに注意!!

ねばねばトロトロ オクラめかぶ豆腐

材料 絹ごし豆腐1／2丁、オクラ50g、めかぶ1カップ、青じそドレッシングお好みの量

つくり方 オクラはゆでて、食べやすい大きさに輪切り。めかぶとオクラを混ぜ、豆腐の上にのせる。最後に青じそドレッシングをかけて完成。

さっぱり！ じゃこと青じその冷ややっこ

材料 絹ごし豆腐1／2丁、ちりめんじゃこ適量、青じそ2枚、ポン酢適量

つくり方 豆腐を皿に盛り、ちりめんじゃこと千切りにした青じそをのせ、最後にお好みの量のポン酢をふりかける。

あったかうまうま♥ 肉みそのせ温やっこ

材料 木綿豆腐1／2丁、豚ひき肉100g、すりごま大さじ1、料理酒大さじ2、みそ大さじ2、たかのつめ適量

つくり方 豚ひき肉とすりごま、料理酒をフライパンで炒め、火を止めたらみそを足す。豆腐を500Wのレンジで1分温めたら、上に肉みそをのせるよ。

満腹！冷しゃぶ やっこの梅ポン酢

材料 絹ごし豆腐1／2丁、豚薄切り肉50g、みじん切りのねぎ20g、かつお節適量、梅ぼし1コ、ポン酢大さじ1

つくり方 豆腐にゆでた豚肉、ねぎ、かつお節をのせ、梅ぼしをみじん切りにしてポン酢と混ぜたものを上からかけたらできあがり！

激ウマ！ きゅうりと塩こんぶの冷ややっこ

材料 絹ごし豆腐1／2丁、きゅうり1／2本、塩こんぶお好みの量、ごま油大さじ1〜2、しょうゆ2〜3滴、いりごま適量

つくり方 ボウルに、細切りにしたきゅうりと、豆腐以外の材料を入れて混ぜたら、豆腐の上に盛りつける。

濃厚な味にうっとり★ しょうゆ卵冷ややっこ

材料 絹ごし豆腐1／2丁、卵黄2コ、しょうゆ大さじ1、みりん小さじ1、ねぎ適量

つくり方 卵黄としょうゆとみりんを容器に入れてラップをし、1晩つける。豆腐にしょうゆにつけた卵をのせて、ねぎをちらすだけ。

ちょっぴりオトナな なめたけわさび豆腐

材料 絹ごし豆腐1／2丁、なめたけ小さじ2、わさび適量

つくり方 豆腐の上になめたけをのせたら、ラップをして500Wのレンジで3分加熱。最後にお好みの量でわさびをプラスすれば完成♪

サラダ感覚な ヘルシーアボカドトマト豆腐

材料 絹ごし豆腐1／2丁、アボカド1コ、プチトマト5〜6コ、塩ひとつまみ、オリーブオイル小さじ1、レモン果汁小さじ1／4

つくり方 ひと口大に切ったアボカドとトマトをボウルに入れ、豆腐以外の材料と混ぜ、トッピング♥

ひと手間加えて満足感UP♥
廣田涼子チャン発 ガッツリヘルシーな お豆腐ピッツァ★

厚切りにした豆腐を生地がわりにしたイタリアン♪

材料（2人分）
もめん豆腐1丁、玉ねぎ小1／2コ、ピーマン1コ、パプリカ（赤と黄）各1／2コ、トマト1コ、にんにく2片、オリーブオイル大さじ1〜2、塩・こしょう少々、ピザ用チーズ約100g、パセリ少々

1 豆腐は30分ほど水ぎりして、3等分に切る。野菜はそれぞれ食べやすい大きさにカット★

2 オイルでにんにくを炒め、一度出す。そこに豆腐を入れて両面焼き、塩とこしょうをふる。

3 野菜を豆腐の上にたっぷりのせたら、その上にしょうゆとチーズ、パセリをトッピング♥

4 ふたをして、チーズがとけるまで3分蒸し焼きに★ 最後に②で取り出したにんにくもON！

蓮クンが減量中にやってるコト！
●K-1選手 平本蓮クン

さすがに蓮クンほどストイックにできなくても、だいじょうぶ！　みんなにも実践できるコトだけご紹介♪　〝気をつけながらラクする〟ダイエットなのです!!

1　気にするのはカロリーではなく糖質!!
徹底的に糖質制限！

まず軽い糖質制限をするなら、糖分は一日50g以下に抑えよう。野菜やフルーツは、意外と糖分が多く含まれているから食べすぎに注意！

糖質OFF 1　OKな食材ならいくら食べてもOK！

チーズってダイエット中にだいじょうぶなの？って思うかもしれないけど、糖分はかなり少ない。ナッツなので注意しないといけないのは、カシューナッツやバターピーナッツなどはアウト。くるみやアーモンドがオススメです。

間食なら チーズ／ナッツ

糖質OFF 2　甘いものは〝太っちゃう〜〟じゃなくて太る

基本的に甘いものは糖質の固まりだと思って。〝アイス　糖質〟などとネットでもすぐ調べられます。甘いものがどうしても欲しい！っていうときには、糖質OFFのアイスやドリンクを選ぶようにしましょう！

甘！＝太ると覚えとけ！

甘いものが欲しいなら糖質ゼロのドリンクを飲む

OKな食材・調味料

植物油	ゼロカロリースイーツ	海藻	肉類全般
亜麻仁油	塩	きのこ	魚介類全般
えごま油	こしょう	糖質の少ない果物	卵
水	酢	チーズ	大豆
ブラックコーヒー	マヨネーズ	アーモンド	無調整豆乳
ゼロカロリードリンク	スパイス&ハーブ類	くるみ	大豆製品
	バター	カカオ90%以上のチョコ	葉野菜

NGな食材・調味料

はちみつ	牛乳／ヨーグルト	米／麺類／パスタ
砂糖	糖質の多い根菜	パン
みりん	糖質の多い果物	スナック菓子
ケチャップ	いも類	小麦粉や米粉を含む加工食品
ソース	市販の野菜ジュースやフルーツジュース	お菓子類全般
市販のドレッシング	人工甘味料入りの飲料	ドライフルーツ

糖質OFF 3　〝いい油〟は積極的に摂取！

肉にも！！
ブラックコーヒーにも！！
MCTオイル1本でGET！

What's MCTオイル
毎日の食事に加えるだけで、良質なエネルギーを補給！満腹中枢を刺激して、食欲を抑える効果もあるもの。どんな食事や飲み物にもかけることができるけど、味はいっさい変わらないよ。

OKな調味料で紹介している油、それから肉や魚の脂もどんどんとって！ダイエットの食事って味が薄くて物足りないことも多いけど、油をとっていれば満足感もかなり得られます。だからつらくない！

糖質OFF 4　ジュースは×水をとにかく飲め！

半身浴中に2ℓの水を飲めばむくみも取れる！

ジュースがいちばん太る！といってもいいくらいラクに太る、飲み物です。理想は38℃くらいのお湯で半身浴しながら、2ℓの水を飲むことだけど、つらければ調整して。顔のむくみもなくなります！

糖質OFF 5　〝炭水化物〟〝糖質〟の表示をチェック！

ココ

糖質表示がないものは、炭水化物表示をチェック。ここを気にするようになると、コンビニのパンやお菓子に、いかに糖分が多いかわかるはず。どうしても炭水化物を食べたいなら、ローソンの〝ブランパンシリーズ〟がオススメです。

糖質OFF 6　さば缶とマヨネーズはダイエットの強い味方!!

オススメレシピはコレ!!
サバのマヨネーズ焼き〜withチーズ〜

サバの水煮缶はそのまま食べてもいいけど、アレンジもいろいろできるよ！マヨネーズをたっぷりかけて、さらにとろけるチーズをのせてオーブンで焼くだけ。これがおいしい!!

サバのみそ煮缶だと、糖分が多いから気をつけて。水煮ならサバの良質な油も取れて、糖分もない。コンビニで買って、学校のお弁当に持っていくのもアリ！マヨネーズも糖分が少ないから、料理にたっぷり使っても安心です♪

AFTER 65kg ／ BEFORE 76kg
とにかく食いまくってマイナス11kg 4週間で
ふだんはパワーも大事だから糖分も摂取！

方法を伝授！いっぱい食べてOK♥　空腹感&ストレスゼロ！
ダイエット

K-1選手がケトジェニックダイエットを伝授！試合のたびに過酷な減量をして体重を落としている蓮クンだからこそ伝えられることがある!!　みんなにも実践できる減量方法や心の持ち方を特別に教えます♪

撮影／堤博之

2 短時間を週5日続けて習慣に!! 15分間だけトレーニング!

「ヤセる運動っていうのは、結局は激しいもの。理想は一日15分間×2回。週3は家トレ、週2は外トレって決めてもいいかも!」(蓮クン)

トレーニング1 家でできる簡単筋トレ!

キック ストレス発散にもなる!

腕をかまえて足をグイッと胸元に引きつけるようにして上げたら、前に蹴り上げて。体は反りすぎないように。右50回、左50回やってみよう!

トレーニングまえに超重要なのは、カフェインを摂取すること!ブラックコーヒーがオススメです。いってコは、カフェインのサプリもあるから使ってみるといいかも。ただ飲めないってコは、ノンシュガーのエネルギードリンクでもOK。

バーピー ツラいけどコレはヤセる

まず立った状態から①両手を地面につけてしゃがんで、②少し跳ねるようにして両足を後ろに伸ばします。③①の状態に戻って、④ジャンプ。これを1分間続けてみよう!

トレーニング2 家でやりづらいのは…学校で友トレもオススメ!

①ジャンプする ②ダッシュする

①バーピー運動もそうだけど、ジャンプするのは効果的。なわとびもいいけど、ただ跳ぶだけでいいんです。②20秒ダッシュ→20秒休けい×4回のくり返しもオススメ。学校の休み時間に友だちとかやってみて!

足踏み 学校の階段でもできる

高さのある台(まずは低くてOK)に①右足をのせて、②左足ものせて、③右足を下ろして、④左足も下ろす。コレをひたすらくり返し。"ながら運動"としてできるよ!

3 一生に一度くらい死ぬ気でがんばる!! 自分にプレッシャーを与える!

蓮クンも、あえて試合まえSNSに「自分が勝つ!」と宣言することで、プレッシャーをかけてがんばってた! みんなもがんばってみない?

1. 友だちと勝負する!

1人でやろうとするから、がんばれない。トレーニングもそうだけど、友だちとやってみて。"ヤセられなかったほうは焼き肉おごりね"とか、決めたら楽しくやれると思う。食事はお母さんに協力してもらって、家で食べるのがラク!!

2. いちいちごほうびを与えない!

「きょうはたくさん運動したから」「きょうはごはん食べてないからデザートはOK♪」とか、みんな自分にごほうびを与えすぎ。そんなんだったら、いつまでもヤセません! いちばんのごほうびは、自分がヤセることなはず♪

3. 期限を決める

試合のためにがんばれる

自分だって、試合っていう明確な目的があるからがんばれるけど、そうじゃなきゃがんばれない。まずは「7月まで」とか決めて、ヤセる理由をつくってみて。サボりグセのある人は、ダイエットに限らず何をやってもうまくいきません!

まず5週間!

ちゃんとやれば必ず3kgは落ちます!

What's ケトジェニック
カロリーのことは気にせず"食べる"ダイエット。糖質をなるべくとらず、たんぱく質、食物せんい、ミネラルを多く摂取する食事方法。まず1週間は、ご飯やスイーツは絶対NG!

K-1ファイター直伝 減量のプロ、K-1選手・蓮クンが確実にヤセられる

ケトジェニック

ヤセる！popteen Part5 食事編

大切なのはカロリーよりも栄養素！
コンビニでどっちを選べば太らない？

「そんなに食べてないのにヤセられない！」それって食べる量じゃなく選び方が理由かも。定番のコンビニメニューから見直してみよう♪

撮影／堤博之

「低カロリーを選べばいい」はまちがい!!

食べたいものをきちんと食べよう!!
ガマンはリバウンドのもと。本当に食べたい、ときは体が欲しているので食べてもOK。とりあえず食べるのは絶対NG！

炭水化物抜きは長続きしない!!
炭水化物を抜くと脳が栄養不足になって勉強にも悪影響。お米、玄米、いも類はミネラルも食物せんいも豊富だから◎。

肉や魚だって敵じゃない!!
肉を食べないと筋肉量が減り、脂肪を燃やす代謝能力が減ってしまうため太りやすい体質に。青魚には代謝をUPする効果が。

48時間で調整！
食べすぎても次の日を制限して調整すればOK！

制限しすぎると代謝が下がる!!
食べないと消化や呼吸などで使われる基礎代謝の働きが鈍ってしまう。食べすぎても次の日を制限して調整すればOK！

ながら食いは厳禁！

教えてくれたのは 伊達友美先生

銀座医院管理栄養士、日本アンチエイジングダイエット協会理事。自身の-20kgのダイエットとニキビ肌の改善をもとに、これまで5000人以上の食事指導を行なう。

カロリーだけじゃなくバランスも考慮して… コンビニフード、選ぶならどっち!?
グミよりチョコ!? こんぶよりツナマヨ!? 大事なのは体を冷やさず代謝を上げること！

グラタン vs ドリア → お米の入った**ドリア**!!

グラタンはマカロニにもホワイトソースにも小麦が使われているためイッキに太りやすくなっちゃう。

パスタ vs ラーメン → スープがあるぶん**ラーメン**!!

スープで体を温められるラーメンで代謝をUP。残すなら、スープよりも体を冷やす小麦麺のほうを!!

うどん vs そば → 栄養価の高い**そば**!!

そばは脂肪や糖質の代謝をよくするビタミンB群が豊富。温かいそばに具や薬味を足せばカンペキ！

パン vs ご飯 → 絶対**ご飯**!!

脂肪分と塩分がゼロのお米は腸内環境も整えるから、ダイエット向き。小麦粉製品は体を冷やす原因に。

こんぶおにぎり vs ツナマヨおにぎり → 糖質の関係で**ツナマヨおにぎり**!!

つくだ煮は砂糖が含まれるのでNG。たんぱく質、油、酢で糖の吸収が緩やかになるツナマヨが正解。

クロワッサン vs ベーグル → 小麦粉の量が少ない**クロワッサン**!!

クロワッサンの良質なバターは体を温める効果も。ベーグルはチーズや肉など具をはさんで食べて！

野菜サンドイッチ vs 卵サンドイッチ → 栄養が豊富な**卵サンド**!!
低カロリーだけどたんぱく質を含まない野菜サンドはエネルギーの消費ができず、太りやすくなる。

ペペロンチーノ vs カルボナーラ → たんぱく質のとれる**カルボナーラ**!!

卵、チーズ、ベーコンなどのたんぱく質が炭水化物を燃焼するためカルボナーラのほうが太りにくい！

おでんの卵 vs おでんの大根 → 完全栄養食といわれる**卵**!!

たんぱく質、ビタミンEなど栄養豊富な卵は冷えの改善にも効果的！週に7コ食べるよう心がけて!!

コロッケ vs メンチカツ → 代謝も上がる**メンチカツ**!!

じゃがいもは糖質が多め。お肉のたんぱく質や鉄分で代謝UP効果が狙えるメンチカツがオススメ！

肉まん vs ピザまん → シンプルな**肉まん**!!

ピザソースには砂糖が加えられているものが多く糖分の摂取過多に。具材はシンプルなものを選ぼう。

豚しゃぶサラダ vs 野菜サラダ → 高たんぱくな**豚しゃぶサラダ**!!

野菜だけでは栄養素が不足。高たんぱくで鉄分も多い豚肉は代謝に必要なビタミンBも豊富。

シュークリーム vs プリン → 小麦を含まない**プリン**!!

シュークリーム100gが約250kcalに対しプリンは125kcalと低カロ。小麦粉もないぶんプリンのほうが◎。

アイスクリーム vs シャーベット → 高級な**アイスクリーム**が◎!!

乳脂肪のないシャーベットは体を冷やすだけ。体脂肪を燃やすにはカロリーの高いアイスを選んで。

グミ vs チョコレート → **ダークチョコ**ならなおよし!!

グミってじつは糖のかたまり。チョコの成分のカカオは食物せんいとミネラルを含み糖の吸収をおだやかに。

ポテトスナック vs ポップコーン → 加工の少ない**ポップコーン**!!

素材の原形に近いほど消化エネルギーが高くなり摂取エネルギーが減少。食物せんいも豊富。

あの食材に +1品で太りにくくなる!!
ヤセるために食べるものを減らすのはまちがい！必要な栄養を足して太りにくい体をつくろう。

ケーキ + ドライフルーツ
ケーキを消化するには、体内にビタミンとミネラルが必要。栄養豊富なドライフルーツで補ってね♪

菓子パン + 豆乳
豆乳の良質な油が菓子パンに含まれる悪い成分や糖の吸収をセーブしてくれるよ。抹茶味ならなおヨシ。

ポテトチップス + 青のり
青のりに含まれるビタミンやミネラル、食物せんいのおかげで脂肪の吸収がおだやかになるよ♪

から揚げ + レモン汁
揚げものに含まれる酸化した油は代謝低下の原因に。アルカリ性のレモン汁をたっぷりかけて防止しよう！

ラーメン + 食前野菜ジュース
ビタミンやミネラルを含む野菜ジュースで糖が体に吸収されにくくなる。無塩のジュースを選んで！

憧れ体型になるための ダイエット体験談

あのダイエットでヤセた人、太った人…リアルエピソードを聞かせて!!

根性でヤセた人もいれば、挫折してリバウンドした人もいる…ここでは同世代のダイエッターたちの成功＆失敗したエピソードを集めてみたよ。経験したコだからいえるリアルな話、参考にしてね!

27人で合計−238.5kg!! 私たち、コレでヤセました!!

5kgからMAX17kgヤセまで!

−5kg以上のダイエットに成功したダイエッター27人が登場!! ヤセたコたちはみんな自分に合った方法を見つけていた!

森優香チャンは マインドコントロールで −11kg!

36kg → 47kg（before）

大大大好きなお肉よりもいまはダイエットのほうが大事

体重を毎日記録!
「Recstyleっていうアプリで毎日体重の記録をつけるだけ。変化がわかりやすいから、やる気にもつながったよ!」

ごはんを妄想する!
「おいしそうな食べ物の画像を見ることで、目で空腹をまぎらわしてた（笑）。ずっと見てると、気持ち的にもかなり満足する」

南夏海チャンは なわとびで −6kg!

46kg → 52kg（before）

ヤセた?といわれるたびに笑顔もテンションもUP

授業中にノートひざはさみ
「ノートをひざの間にはさむと、太ももの内側が鍛えられる。背スジはピンと!」

なわとび30分
「週に4回。一定のリズムでとぶのがポイントだよ!」

石井美江チャンは バランス生活で −8kg!

50kg → 58kg（before）

ダイエット成功のヒケツはムリをしないこと!

「筋トレと野菜中心の生活っていう、運動面と食事面の両方をバランスよく実行。ちょっとリバウンドしちゃったからまた再開したところ!」

ジャスミンゆまチャンは 歩き方を変えて −8kg!

45kg → 53kg（before）

根性を合言葉にしてヤセたらおしゃれが楽しくなった

歩き方をチェンジ!
「足の内側に重心をかけるようにして歩いた★ こうすると太ももの内側が引きしめられる」

30分以上ランニング
「家にあるランニングマシーンで、最低でも30分走る。元バスケ部だから走るのは得意」

気になる部分をもみまくり
「マッサージ代わりに、テレビを見ながら脂肪をつまんだり、もんだりしてた!」

DVDを見ながらヨガ
「気が向いたときはヨガ。体が伸びてやわらかくなるから、筋肉質の私にピッタリ★」

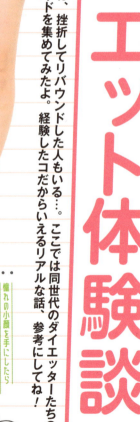

齋藤瑞樹チャンは 顔マッサージで −8.5kg!

44.5kg → 53kg（before）

憧れの小顔を手にしたら大嫌いな写真が大好きに!

スプーンマッサージ
「スプーンの裏をあごから耳下まですべらせたり、耳下から鎖骨まで流すよ!」

いつでもフェースラインを刺激
「学校では、スプーンの代わりに人さし指と中指を使ってフェースラインを引き上げてた★」

撮影／伊藤翔、堤博之、蓮見徹、寺中一桂（ADDICT_CASE）、清水通広（f-me）

しくじりダイエットエピソード

"失敗は成功のもと"ともいうから、まわりの失敗談も成功へのカギとなるはず♪ 失敗した人たちの話を参考に、いろんなダイエット法のメリットとデメリットを紹介するよ！

食事編 〜ダイエットといえば食事制限〜

食べ物をコントロールする手段はダイエットの基本。種類が山ほどあるから、失敗の数ももちろんたっぷり〜!!

サラダダイエット

やり方：おなかがすいたらサラダを食べるようにしてたけど、3日で生野菜が嫌になった…。(菊地せいらぢ)

夜ごはんをサラダに置き換えたり、おなかがすいたらとりあえずサラダだけ食べる方法！

サラダとチキンを夜ごはんにしていたら2週間で2kg減。でも、ストレスがたまる！(井上ありささぢ)

- **メリット**：栄養がある／体重は減る
- **デメリット**：体が冷える／食感にあきる

失敗率No.1 夜ごはん抜きダイエット

朝と昼をガッツリ食べていい代わりに、夜ごはんはいっさい食べないダイエット法。一見、簡単そうだから手を出すJKも多数。ただ、夜ごはんを食べないということは想像以上にキツイようで、失敗談も十人十色。

- 夜ごはんを抜いて3日目くらいで肌荒れがひどくなったので即中止!! 体重は確実に減るけど不健康なのはダメだと思った。(花島桃子ぢ)
- 夜食べないからたくさん食べてもだいじょうぶ、と昼ごはんを食べすぎちゃって逆効果! 結局、全然続かなくて三日坊主で終了〜。(綾ぢ)
- 深夜におなかがすいて目が覚めるから、気づいたら冷蔵庫の中のものを食べてた…! ストレスも増えてマジ無意味だったよ。(北野晏理ぢ)
- 夜ごはんをガマンしたら、ウエストスッキリ。でも続けられなかった。(ベロングバイロンぢ)
- 午後6時以降は何も食べないって決めたけど、昼の間食が増えて逆効果…。(森南月ぢ)
- 深夜になるとおなかがすいてお菓子を食べちゃって、逆に太ってしまった。(江幡沙希ぢ)

- **メリット**：
  - とりあえずすぐに体重が減る♥
  - お金がかからないからトライしやすい
  - 朝と昼は好きなものを食べられる
- **デメリット**：
  - 栄養が偏るから肌荒れや生理不順に…
  - 深夜におなかがすいてしまう可能性大
  - ストレスがたまって長く続かない

水ダイエット

やり方：水をたくさん飲むことで代謝をよくする戦法。一日に体重の4%の量の水を飲むようにして。

計算もせずにただただ水をがぶ飲みしていたら、足がむくんで見た目が太った。(依田結衣香ぢ)

- **メリット**：だれでもできる／新陳代謝活性化
- **デメリット**：冷水だと体が冷えてむくむ

みそ汁ダイエット

やり方：朝と昼は好きなものを食べて、夜ごはんをみそ汁に置き換えるだけ。便秘解消にも効果的。

便通がよくなって14日間で2kgも減ったけど、つまみ食いが増えて結局リバウンド！(中町綾ぢ)

- **メリット**：満腹感がある／快便になる
- **デメリット**：消化が早い／すぐにあきる

間食ゼロダイエット

やり方：3食はきちんと食べていいけど、お菓子やジュースなど、おやつを口にしてはいけない!!

3食はふつうに食べるから体重はべつに変わらず。友だちとのつき合いが悪くなるだけ…。(美月ぢ)

- **メリット**：肌の調子が良好／ごはんの制限なし
- **デメリット**：体重は減らない／友だちが減る

ヨーグルトダイエット

やり方：ごはんをヨーグルトに置き換える。1食がベター。レンジで温めると便秘解消と代謝促進の効果がUP★

3食ヨーグルトだけにしたら、体調が悪くなって1週間も続かなかった。(北川裕莉ぢ)

- **メリット**：体重はすぐ減る／便秘解消にも◎
- **デメリット**：やりすぎ禁物／面倒くさい

グルテンフリーダイエット

やり方：小麦粉を使った料理はいっさいNG。パン、うどん、ラーメン、ケーキ、クッキーが代表。

食べられないストレスで、1kgヤセたごほうびにクッキーをドカ食い。2kg太った。(森田玲音ぢ)

- **メリット**：ご飯、肉、卵、魚、野菜はOK★
- **デメリット**：パン好きには重度のストレス

野菜ジュースダイエット

やり方：やり方は2通り。1食を置き換えるか、ごはんのまえに飲んで、食事量をセーブする！

置き換えはキツイから、飲みものを全部ジュースに！半年で4kgヤセたけど、効果は薄め。(桜川みかぢ)

- **メリット**：美肌になれる／栄養たっぷり
- **デメリット**：食事量を減らさないと効果が薄い

バナナダイエット

やり方：朝ごはんにバナナを1〜2本食べる★ バナナと一緒に、コップ1杯の水を飲むのが◎。

バナナが好きだから1か月続いた。でも、買えないときもあるから毎日はできず…。(川田愛莉ぢ)

- **メリット**：スムージーなどアレンジもきく
- **デメリット**：あきやすい／糖分は高い

スープダイエット

やり方：夜ごはんをスープだけにする。具は、きのこや野菜、春雨など低カロリーなものが鉄則！

おいしいし、満足感もあるけど、腹もちは悪い。間食が増えて、コスパも微妙…。(桃瑠美夢ぢ)

- **メリット**：満足度高め／体が温まる
- **デメリット**：主食が欲しくなる／面倒くさい

炭酸水ダイエット

やり方：小腹が減ったら、炭酸水で満腹感GET★ 炭酸水は砂糖不使用の0カロを選んでね！

カロリー低めならいいかと甘い炭酸水を飲みすぎて、パンパンにむくんだ…。(池平紗菜ぢ)

- **メリット**：空腹をごまかす／炭酸好きには◎
- **デメリット**：味が薄い／水太りの原因に

もやしダイエット

やり方：夜ごはんをもやしにチェンジ♪ 味つけ自由。ゆでる×塩こしょうが低カロ。人気はポン酢。

もやしばっかり食べていたら、栄養が偏って体調をくずしちゃった。肌も荒れてボロボロに…。(美月ぢ)

- **メリット**：安くておいしい／好きな味にできる
- **デメリット**：栄養が偏る／毎日だとあきる

断食ダイエット

食べなければヤセると思ってガマンしたよ。3日で3kgヤセたけど完全無気力…。(田中かんなぢ)

- **メリット**：かなりヤセる／やり方が簡単
- **デメリット**：筋力が減る／疲れやすくなる

炭水化物抜きダイエット

やり方：その名のとおり、炭水化物を食べないダイエット。ごはんはおかずオンリーで生活するよ。

断食よりラクだけど、何に炭水化物が含まれているかわからず、焼き魚ばかりになった。(廣田涼子ぢ)

- **メリット**：体重が落ちる／満腹感がある
- **デメリット**：力が出なくなる／体臭が悪化する

8時間ダイエット

やり方：8時間以内であれば何を食べてもOK。12時から食べ始めたら、20時まで、というかんじ。

時間が制限されているから、あせって食べすぎて一日3000kcalも摂取してた！(笑)(城奈菜美ぢ)

- **メリット**：食べ物は自由／あきない
- **デメリット**：朝早く食べると夜おなかがすく

プロテインダイエット

やり方：プロテインだけじゃおなかがすいちゃって情緒不安定に。でも1週間で4kgヤセた！(平藤李子ぢ)

プロテインだけじゃおなかがすいちゃって情緒不安定に。でも1週間で4kgヤセた！(平藤李子ぢ)

一日1回、水とプロテインを混ぜたものを飲むだけ。おなかがすいたら、あめかガム。

- **メリット**：すぐにヤセて気分がアガる
- **デメリット**：おなかがすく／体調をくずす

ヤセる！Popteen Part6 ダイエット体験談編

運動編
食べるのが好きなコは動くべし

食べるのをガマンできないコや動くのが好きなコは運動がベスト。でも、ここにも失敗の落とし穴はつきもの!!

せっかくヤセてもリバウンドしてたら意味ないじゃん!!

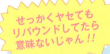

ジム通いダイエット
やり方
週に何回か、ペースを自分で決定して、ジムに通う。プロの手助けがあるから、安心だね！

週に1回、ジムに1時間通っていたけどお金も時間もかかる。あと、効果がすぐに見えないから不安になっちゃう。(李子)

- メリット
  ・バランスよく筋力がつく
- デメリット
  ・お金がかかる
  ・近くにないかも

ダンスダイエット
やり方
好きなアイドルのダンスをマネして、踊りまくる。運動することで、血行も促進され、むくみ解消。

楽しいから、一日3時間ぐらい踊ってられるけど、そのぶん安心してごはんやお菓子も食べちゃうから意味なし。(桃子)

- メリット
  ・ストレス発散
  ・ムリがない
- デメリット
  ・フリを覚えるまで大変

スムージーダイエット
やり方
1食をスムージーに置き換える。ミキサーを持ってなくても、水に溶かすタイプもある！

毎回同じ味になって、1週間であきた。朝飲むとお昼までにおなかがすくのも難点。(鈴木ももチ)

- メリット
  ・美肌効果あり
  ・健康的
- デメリット
  ・手間がかかる
  ・お金がかかる

スクワットダイエット
毎日寝るまえに150回スクワット。汗もかくし、つらくはなかったけど、変な筋肉がついたからやめた！(美月)

やり方
下半身ヤセに効くといわれているスクワット。毎日、寝るまえなどに回数を決めて行なうだけ。

- メリット
  ・無料でできる
  ・ムダ肉が落ちる
- デメリット
  ・筋肉がつくから体重は増える

プールダイエット
見ないで!!
夏休みに週1で区民プールに通ったけど、若いコはゼロ。なんかまわりの視線が痛かった…。(沙織)

やり方
定期的にプールに通って、泳いでダイエット。泳ぐことは全身運動で消費カロリーは高め。

- メリット
  ・短時間でかなりカロリー消費可能
- デメリット
  ・まずプールに行くのが手間

ランニングダイエット
やり方
朝や夜など、自分で時間と距離を決めてランニングをする。20分以上走ると脂肪燃焼。

朝ランニングは、起きるのがつらくて続かなかった。三日坊主で終了〜。(吉岡侑紀チ)

ランニングの時間をつくるのが大変!!夜は暗くて危ないし、朝は時間ないし…。家の近くに公園があって環境はいいはずなのにぜんぜん続かなかった。(美夢)

- メリット
  ・代謝が上がる
  ・脂肪燃焼!!
- デメリット
  ・時間が必要
  ・疲れて食べる

一日1食ダイエット
最初は順調で、1週間で2kgヤセたけど、すぐ飽きすぎて2週間でもとに戻った…。(福田蘭奈チ)

やり方
好きな時間に一日1回だけごはんを食べる。食べる量も1食だけなので、比較的自由。

- メリット
  ・すぐヤセる
  ・自由度高め
- デメリット
  ・やめたときにすぐ体重が戻る

ウォーキングダイエット

通学のとき、いきなり2駅分歩くようにしたら、疲れたぶんジュースや間食をして台なし！最初は1駅からはじめればよかったかも。(富田栞名チ)

やり方
通学や買い物のときの交通手段は基本徒歩。夕ごはんの前後に家のまわりを散歩してもGOOD。

- メリット
  ・交通費が浮く
  ・すぐ始められる
- デメリット
  ・運動不足のコは筋肉痛になる

筋トレダイエット
やり方
上体起こし、腕立てふせなどハードに続ける筋トレ。回数やメニューは自分で決める。

腹筋、背筋、腕立てふせを各50回。キツくてもマジメに2週間続けてたけど、急に嫌になって挫折。(愛莉)

- メリット
  ・体が引きしまる
  ・家ですぐできる
- デメリット
  ・ハードすぎるとストレスたまる

エクササイズDVDダイエット
やり方
DVDを見ながら、エクササイズ。家の中で好きな時間にトライできるのが、最大のウリ！

キックボクシングのDVDを毎日30分。がんばったからって間食したら、体がゴツくなっちゃった。(晏理)

- メリット
  ・体力がつく
  ・ストレス発散
- デメリット
  ・面倒になってサボりがち

ささみダイエット
ささみは買うと高いし、蒸すのも面倒。パサパサしておいしくなくてムリだった。(高木沙織チ)

やり方
低カロリー高たんぱくの鶏肉のささみを食べる！3食のうち1食をささみオンリーに♪

- メリット
  ・肉は食べられる
  ・肌にいい
- デメリット
  ・手間がかかる
  ・栄養が偏る

半身浴ダイエット
やり方
ぬるめのお湯に下半身だけつかって、ジワジワと汗をかくダイエット法。代謝UPに効果大！

15〜20分の半身浴を2回くり返して汗をかきまくっていたら、貧血になって1回だけ倒れたことがある。(みか)

- メリット
  ・むくみに効く
  ・リラックス
- デメリット
  ・水分補給しないと脱水症状に

バイトダイエット

やり方
アルバイトで忙しくして、食べる時間をなくす。もしくは、たくさん動いて汗をかく！

デパ地下のたい焼き屋バイトは忙しいし、熱くて汗もかくけど、ほかのお店の食べ物の誘惑が激しすぎるのがいちばんの問題!!(沙織)

- メリット
  ・忙しいほどお金がたまる
- デメリット
  ・自分の時間がなくてストレス

その他編
まだまだたくさんある失敗話

食事制限でも運動でもないダイエット法はほかにもいろいろ。いまどきで、JKらしい失敗がたっぷりつまってます♥

お菓子だけダイエット
給食がある日はできないから、土日に決行。体重は落ちるけど、すぐ戻るのくり返し。(高澤凪チ)

やり方
ごはんは食べず、自分の食べたいお菓子を食べる。トータルの摂取カロリーは抑えられる。

- メリット
  ・体重は減る
  ・ノンストレス
- デメリット
  ・太りやすい体質に変化する

寝るだけダイエット
夏休みなど、家にいるときはとにかく寝る。食べる時間もおしんでひたすら寝ているだけ！

寝るだけだからラクだし、食べることすら面倒になってヤセて。でも、眠りが浅くなって貧血ぎみに。(涼子)

- メリット
  ・とにかくラク
  ・何もいらない
- デメリット
  ・寝すぎるとボーッとする

友情ダイエット

やり方
友だちと一緒にダイエット★ 大人数だとぐだぐだから、2人がベスト。お互い刺激し合おう！

大人数でいるときは、「ウチらダイエットしてるから」ってけがしてたけど、2人きりになるとお互いを甘やかしてしまった。(涼子)

- メリット
  ・友情が深まる
  ・やる気UP
- デメリット
  ・片方がサボると共倒れ

胃腸炎ダイエット
やり方
胃腸炎になったあと、そのままごはんを少なくする。胃腸炎にならないとできない(笑)。

胃腸炎でヤセた延長で、食べないダイエットを実行★ けれど、すぐに食欲が回復してふつうに戻った(笑)。(落合由香里チ)

- メリット
  ・すぐヤセる
- デメリット
  ・病気が治るとすぐ体重が戻る
  ・病気で食欲がない

キャベツダイエット
お母さんと一緒に1週間続けたら1kgヤセた。ソースだけで食べてたから、すぐあきた。(小坂恵チ)

やり方
キャベツを主食に置き換えるだけ。朝も昼も夜もお米の代わりにキャベツで、味つけは自由！

- メリット
  ・量は食べられる
  ・巨乳になるかも
- デメリット
  ・味がほぼない
  ・満足感が薄い

87

エットの結果編

まずはみんながヤセようと思った理由や、どのくらいの期間でどれだけヤセたのかをリサーチ！ダイエットを始めようと思ってるコも、これを読めばやる気が出るはず♥

ムチャな即ヤセは失敗のもと(汗)
Q.ダイエットした期間は？

- 〜1週間 28人
- 〜2週間 34人
- 〜1か月 131人
- 〜3か月 114人
- 〜半年 148人 【1位】
- 〜1年 34人
- 1年以上 11人

長期間がんばり続けるのは根性が必要だけど、着実にヤセるためにはある程度時間をかけるべし!!

1か月で結果を出したコは"ずっと努力し続けるのはツラい"派!! 長期間がんばったコは5kg以上ヤセたコも多かった。がんばったぶんだけ夢に近づく♥

地道な努力で達成できる3〜5kg！
Q.何kgヤセた？

- 3kg 79人
- 4kg 76人
- 5kg 115人 【1位】
- 6kg 67人
- 7kg 48人
- 8kg 29人
- 9kg 34人
- 10kg 23人
- 11kg以上 29人

見た目に変化が出始める〜5kgがダントツ1位！みんな目標体重になるまで努力を続けてる★

「いまもダイエット中で－4kgしたところ」(裕奈ちゃん)、「6kgのダイエットに成功したあと少し戻ったから、いまは8kgヤセに挑戦中」(萌月ちゃん)…もっともっとヤセたい！てコが多め。

みんながいちばんなりたいのはメリハリBODY★

本気度が強いほど成功率もUP♥
Q.ダイエットしようと思ったきっかけは？

いろんな理由があるけど、結局は"自分"のため♥ キレイになって人生楽しみたいなら、とりまやるしかない！

4位 オーディションを受けるため 63票
過去には応募の段階でウソの体重を書いてたけど、面接までにヤセて、ウソを真実にした…っていうPOPモデルもいた♥(笑)

5位 好きな服が着たかったから 48票
体型カバーばかり意識すると着たいものも着られないよね！ショーパンやミニスカといった脚を露出するミニボトムへの憧れが強め♪

2位 太ったから 91票
体重計で見たこともない数字が出るとあせるよね！「お正月に3kg太った」(佑歌子ちゃん)もよくあるパターン！

「ストレスで食べすぎたら、鏡を見たときに2重あごになってて驚き！脚も激太っ」(真寛ちゃん)

3位 好きな人ができたから 84票
やはり恋する乙女の力は絶大♥「けんけんの大ファン！ヤセてるコがタイプって聞いたから」(智恵ちゃん)なんて可愛い声も。

「文化祭で出会った先輩を好きになって、ふりむいてほしい一心で、3か月で－7kg達成した！」(夏生ちゃん)

1位 モデル体型に憧れたから 122票
「みちょぱみたいになったらもっと自分に自信がもてそうで」(玲奈ちゃん)みたいな、Popteenがきっかけで意見が多かった♥

「くれたんと身長も同じなのに体重がぜんぜん違ったからあせって、1か月で－7kgに成功した」(桜々子ちゃん)

「細いのにちゃんと筋肉もあるみちょぱみたいな体型になりたいなと思ったから！」(南月ちゃん)

こんな少数派の声も!!

自転車に乗ってたらパンクした!!
「元カレのチャリに乗ってたら、まさかのパンク！！さすがにヤセなきゃまずいと思ったよね」(彩ちゃん)

彼氏と体重が同じだったから
「彼氏は何もいわなかったけど、一緒に歩いたときに腕や脚の太さがぜんぜん違ってヘコんだ」(美桜ちゃん)

修学旅行のお風呂タイムのために!!
「修学旅行のときにみんなでお風呂に入るときに恥ずかしくないよう、おなかヤセ」(麦帆ちゃん)

どこもかしこもシュッとした(^O^)／
Q.いちばんヤセた部位は？

みんなのヤセたい部位1位の脚よりも、お肉の落ちやすいウエストの効果を感じてるコが多かった！いままで隠してたけど、どんどん露出したくなるよね〜★

1位 ウエスト 175票
「体をねじってくびれをつくった」(直花ちゃん)ほか、トライしやすい腹筋運動や体幹トレーニングの効果で成功者続出。

3位 脚 124票
「お風呂で太ももマッサージ！」(麗奈ちゃん)、「脚全体をマッサージ」(歩実ちゃん)など、みんなもみまくって美脚をGETしたみたい♥

2位 顔 138票
「6kgヤセたら自然と顔も小さくなった♥」(佳歩ちゃん)悩みの種の2重あごやほおのお肉とバイバイ★

パンツにのったムダ肉が消えてくびれ誕生☆
フェースラインがシャープに変化☆

1位に輝いたのはやっぱりあの人！！
Q.憧れの体型はだれ？

POPを見てダイエットを始めたってコが多いせいか、POPモデルが続々ランクイン★ 1位の貫禄ヤバ♥

1位 みちょぱ 152票
「みちょぱの腹筋マジで憧れ♥」(杏ちゃん)と、美腹筋へのリスペクトがハンパない！！ガリガリじゃなく、ほどよい筋肉でバランスがいいのも人気のポイント！

3位 ローラ 42票
細いだけじゃなく、ちゃんと筋肉がついているモデル体型への憧れが強かった！いまはメリハリが重要な時代!!

2位 にこるん 63票
「憧れはにこるん♥ ツラいときはにこるんの曲を聴いてた」(ちはるちゃん)キャラも体型もみんなに愛されてる♪

- 5位 ゆらゆら 22票
- 4位 菜々緒 38票
- 7位 桐谷美玲 16票
- 6位 ダレノガレ明美 19票
- 10位 西内まりや 7票
- 9位 なちょす 9票
- 8位 宇野実彩子 12票

撮影／清水通広(f-me)

ダイエット★ランキング

ケートを実施!! 結果をランキング形式で発表しま〜す♥

ヤセる! Popteen Part6 ダイエット体験談編

Diet Ranking PART 1 ダイ

Q. 成功のヒケツは?

自分が減量に成功したいちばんの理由って？
答えはけっこうシンプル♥ でも、実際にヤセたコたちがいうから説得力あるよね!!

ほかにはこんな意見も！
- **気合い!** 誘惑が多いからこそ、何よりも自分の強い意志が必要！本気でヤセたいのならがんばれるはず★
- **まわりの協力** 友だちや家族を味方につけてヤセ活！みんなが応援してくれるから、ヤセないわけにいかないよね。

2位 83票 ムリをしない
結局ムリしても続かないし、体調をくずしちゃう！極端な食事制限もたまる危険もあるから×!!

1位 152票 目標を明確にする
目標体重、いつまでにヤセるかはちゃんと決めたほうがいい！ヤセたあとどうしたいかも考えられるとベスト。

「目標はつねに更新してる！いまで"だれが見ても細い..."と思う体型のキープ。(聖那ｻﾞ)」

「洋服は絶対Sサイズ!!いちばん小さいサイズを着られる感じは最高だよ♥(美夢ｻﾞ)」

3位 67票 楽しむ
ダイエットはガマンばかりでつらいものって考え方自体がまちがい！気分転換しながら続けよう♪

Q. いつだってやる気にあふれてるわけじゃない(涙) くじけそうになったのはどんなとき?

目標に向けて一生懸命がんばっている意味が見いだせなくなることもあるけど、そこであきらめたら試合終了です!! 負けないで

3位 88票 生理中
「生理まえに体重が増えててショック！ストレスがヤバかった」(莉夢ｻﾞ)人間の体質的にはしかたない!!

2位 139票 停滞期
"停滞期"って言葉は知ってても実際にやってくると話は別。急に体重に変動がなくなるから不安だよね。

1位 221票 自分だけガマンするのがつらくなった
「自分がガマンしてるのに、家族が自分の好きなものを食べてた瞬間」(一花ｻﾞ)、「友だちに食べ放題に誘われて、誘惑に負けそうだったけど、フルーツだけでがんばった」(実可子ｻﾞ)家族や友だちの姿にイライラMAX!!

Q. リバウンドした原因は?

減量がダイエットのゴールだと思いがち
目標体重を達成した瞬間にダイエット成功と思っちゃうコが多いけど、キープできてこそ成功だから！

1位 81票 減量できて油断した
「気がゆるんで、運動をやめて、食生活もダイエットまえに戻しちゃったから」(ゆうなｻﾞ)いままでのガマンの反動でドカ食い→リバウンドの流れだね。

「食事制限すると、食べたらすぐに戻るどころか、吸収率がUPして逆効果。(真凛ｻﾞ)」

「ガマンが続くのは2週間まで。いつもくじけてリバウンドしてしまう…。(夏恵)」

2位 37票 短期間のムチャなダイエットだった
"食べない"系の食事制限は確実にソッコー結果が出るけど、食べたらもとに戻るにきまってる!!

「炭水化物は食べず、一日1食にしたら貧血になったし、食べたらすぐ体重戻った」(悠佳ｻﾞ)

3位 14票 目標がなくなった
がんばる理由が好きな人や夢のためだと、目標を失ったときに続ける理由もなくなっちゃう。
「アイドルめざしてがんばってたけど、面接に落ちてやる気ゼロ。やめちゃった！」(りなｻﾞ)

Q. つらいときどうやって乗りきった?

"ヤセたい"という強い気持ちで弱い心を一蹴★
自分がヤセたいと思った理由をもう一度考え直して初心に戻ることが大事!! ヤセたらしたいこと想像して気合いを入れ直そう♪

2位 48票 寝る
食欲もストレスも寝れば全部忘れちゃう♪寝てる間はカロリーも消費するし、最善かも♪

1位 279票 好きなモデルの画像を見る
憧れモデルの画像をひたすら見る！"ヤセろ"っていわれてる画像をつくってるなんてコも。くびれや脚など、パーツに寄った写真を見てるコも多かった！
「いちばん人気は、やっぱりみちょぱ！とくにみちょぱの腹筋の画像を見てた」(杏ｻﾞ)

3位 33票 太っている人の画像を見る
"自分はこうなりたくない！"って気持ちが高まる。太ってた自分の写メを見るのもアリ。

Q. 毎日やるべきことって何?

ヤセぐせをつければこっちのもの♪
ヤセやすい生活習慣をつければ自然と成功に近づくはず♥ ダイエット経験者たちが"コレさえ習慣化すればヤセる"と思った法則を大発表〜!!

「ふだん階段をのぼるときは1段とばし！太ももに効果があるって信じてる♥(颯奈)」

「東京では、重たいキャリーを持ち歩いてるから筋トレになってると思う！(真凛)」

1位 114票 少しでも運動量を増やす
電車で座らずに立つ、階段を使う、1駅歩く…など意識を変えると、体を動かすチャンスはたくさん！ムリなく消費カロリーを増やそう★

3位 83票 代謝を上げる
老廃物をちゃんと排出できる体づくりが大切!! 冷え対策のほか、腸内環境を整える食生活も意識しよう♥

2位 96票 基本的に水かお茶
砂糖だらけのジュースはNO！ちなみに、市販の味つきの水も意外とカロリーが高いから、ふつうの水を選んでね♪

5位 52票 体型チェック
デブってから必死にがんばるよりも、ちょっとブニった段階でもとに戻すほうがラク♪ 毎日鏡を見る習慣をつけよう♪

4位 71票 規則正しい生活
一日3食バランスよく、適度に運動もして、夜ふかししない…っていう基本がいちばん大事ってわかった!!

Q. ヤセてよかったことは?

写メも盛れるし毎日ハッピーだね♥

3位 76票 自信がついた
自信にあふれた表情は、ダイエットまえよりも魅力的に見えるはず！努力を続けることで「根性もついた！」(香音ｻﾞ)

4位 39票 体が軽くて動きやすい
とくに10kg以上ヤセたコにとっては、いままでと比べるとぜんぜん違う！スピードUPして運動効率も上がりそう♪

5位 24票 人間関係がうまくいった
「5kgヤセたら、友だちが増えた(笑)」(麻琳ｻﾞ)ほか、彼氏ができた、からかわれなくなった…などいいことずくめ♥

1位 224票 おしゃれが楽しい
"いろんな服を着こなせるようになった"って意見多数！性格もポジティブになれるとか♥
せっかくヤセたんだから…ってことで、肌見せアイテムで露出orタイトシルエットでS字ラインを強調♪ Sサイズを着られる優越感も味わえる♥
ダイエットまえにはなかったくびれ、せっかくくびれたからだれかに見せたい★デブ期の服は捨てて、クローゼット総入れ替え!!

2位 94票 「可愛くなった」「ヤセた」っていわれる
ダイエットをがんばってる姿を間近で見てくれていた「家族からもヤセたっていわれた」(真恋ｻﾞ)ときはよろこびも倍増♥

こんな少数派の声も！
- **産毛がなくてもヘアアレができる!!** 「髪でリンカクを隠さなきゃ出かけられなかったけど、ヤセたいまは、オールバックポニーも余裕でできちゃう♪」(実可子ｻﾞ)
- **出かけるたびにナンパされる(笑)** 「大げさじゃなく、マジで出かけるたびにナンパされるようになった！いままでは見向きもされなかったのに複雑…」(美彩ｻﾞ)

「最近可愛くなったな♥」ホンマに!?

これが10代ダイエットのリアルだ!!

3kg以上ヤセたダイエッター500人に大調査!

みんなのやってる

同世代のコがリアルにやってて成功したテクが知りたい！ってことで、10代のダイエット成功者500人に緊急アン

Diet Ranking PART 2 食生活編

難しいことはわからない 私たちには低カロこそ正義

ヤセたかったら、まずは食事制限を始めるってコが全体の8割以上！ 食べたぶんだけ太ったんだから、食べなければいいっていうのは当然の発想だよね〜♪

安くて低カロで、おなかいっぱいになる食材てんこもり
Q. ダイエットのときよく食べていたものは？

食べごたえのあるものや、たくさん食べてもOKな低カロ＆かさまし食材で食欲を満たしていた♡ それぞれの食材を、どんなふうに食べていたのかもリサーチしたよ★

1位 キャベツ 121票
「キャベツ＆トマト＆サラダチキンに、和風ドレッシング！」(千夏ちゃん)、「ごまドレをかけて食べる」(莉菜ちゃん) 生のまま食べる派がほとんど！
オススメの食べ方：キャベツを千切りにしてたくさんかむことで満腹に♪ トマトとしんなり一緒に食べてた♡(里奈)

2位 ヨーグルト 93票
「朝ごはんはスムージーかヨーグルトにグラノーラとバナナ、はちみつかけたもの」(裕奈ちゃん) 朝イチのヨーグルトで腸内環境を整えて便秘解消〜!!
オススメの食べ方：週2回は、脂肪分ゼロのヨーグルトにグラノーラを入れたものを夜ごはんにする！(来未ちゃん)
おなかがすいたら豆腐ハンバーグ!! 鶏ひき肉を少し混ぜて焼くよ。味つけは塩♡(千優紀ちゃん)

3位 豆腐 84票
大豆イソフラボンで美肌効果もある女子の味方!!「キムチとゆでたまご、マヨネーズをかけてオーブンで焼く!! 糖質制限ダイエットに最適♡」(有紀ちゃん)

4位 サラダチキン 62票
ダイエットをしてるコたちが一度は食べたことのあるであろう食材！ 味のバリエも豊富だから、あきずに食べ続けられるって評判！
オススメの食べ方：カロリーより糖質重視だからサラダチキンスーブにする派(諒子ちゃん)が半々！栄養素たっぷりだから、積極的に食べたい野菜のひとつ★
大きくカットしたほうが満腹感があるノンオイルドレッシングをかけて食べるよ★(真白ちゃん)

5位 トマト 37票
キャベツ同様「そのまま食べる」(彩乃ちゃん)派と「デトックススープにする」(諒子ちゃん)派が半々！ 栄養素たっぷりだから、積極的に食べたい野菜のひとつ★
カロリーより糖質重視だからサラダチキンも好きだから味もそのまま食べる(聖那ちゃん)

6位 きゅうり 26票
「そのままで手軽に食べられるとこがいい！」(裕奈ちゃん) そういえば撮影現場でそのまま食べてるモデルもいた！

7位 納豆 21票
「一日1パック必ず食べる★」(めぐみちゃん)、「夜は納豆か豆腐！」(恵美莉ちゃん) においは気にせずいただきま〜す♡

神7食材以外を使ったヘルシーレシピも公開！

もやし＆卵のあっさり味のオムもやし♪
「もやしを塩・こしょうで炒めたら、卵でくるむ。もやしは水分が多いからたくさん食べてもセーフ！」(茜ちゃん)

糸こんにゃくのヘルシーこんにゃくナポリタン！
「水けがなくなるまで炒めた糸こんにゃく、ピーマンと玉ねぎを塩・こしょう＆ケチャップで味つけ！」(梨緒ちゃん)

きのこの食べごたえマシホイル焼き
「えのき、エリンギなどのきのこをちぎってホイルで包み、オーブンで15分。めんつゆで味つけしただけだから簡単！」(彩ちゃん)

玉ねぎの丸ごと肉づめスープ♡
「くりぬいた玉ねぎに、塩こしょうしたミンチ肉とチーズをつめてコンソメスープで煮込んだ」(美夢ちゃん)

鶏ささみのアジアン肉まきパクチー
「ささみをたたいてのばし、きゅうりとコチュジャンを巻いて焼いたら完成★」(美加ちゃん)

糖質0g麺のさっぱりそうめん風♡
「野菜を盛って、めんつゆにけて食べた。本格感を出すためにお菓子のドライゆずをのせてみた♪」(彩ちゃん)

"キレイ"のために多少のガマンは必要♡
Q. やっていた食事制限は？

食欲との戦いでツライけど、結果が出やすいからがんばれる！ 極端なテクは失敗率も高いから×!!

1位 夜ごはん抜き 116票
「最初の3日間はツラかったけど、だんだん食べなくても平気になった」(玲奈ちゃん)、「全部はムリだから夜はおかずだけにした」(萌ちゃん)、夜ごはんのカロリーをセーブするテクが第1位★

2位 断食 92票
「たまにヨーグルトだけの断食をして調整してた」(花恋ちゃん)のように、たまにやるぶんにはOK。成長期に、知識もなく断食するのはオススメできません!!

朝と昼はしっかり食べて夜は白湯(さゆ)だけ。毎日21時には寝てた。(真里奈ちゃん)

3位 水ダイエット 68票
0カロの水をたくさん飲んで、おなかをふくらませる作戦★ 老廃物の排出もしやすくなるから、健康にもGOODだね♪

夜ごはんは基本食べない！ おなかがすいたら、歯みがきをしてすぐ寝た!!(玲那ちゃん)

4位 ●時以降食べない 61票
いちばん多かったのは18時！ 塾や部活の関係で18時までに夜ごはんを食べられないコたちも20時までには済ませてた♪

5位 ●●kcal以内に制限 39票
1000〜1200kcalでカロリー計算♪ 基礎代謝を下回ると、一時的に体重は減ってても太りやすい体質になるから気をつけて!!
食事量を減らすためには一日1ℓは飲んでる！ 汗をかきやすくなった♪(リサ)

6位 8時間ダイエット 37票
一日の食事を8時間の間に済ませる食事法。16時間胃腸を休ませる効果があるよ！ 夏休みや冬休みに実践するのがベスト★

7位 置き換えダイエット 34票
3食のうちの1食を低カロメニューに置き換え♪「豆乳」(雪衣ちゃん)、「温野菜」(桃花ちゃん)と置き換えるものは人それぞれだった♪

私は低カロ食品！ お昼を100kcalマイサイズに♪ ご飯はお茶碗半分にするのもポイント♪(美夢ちゃん)

私はサラダ！ 夜ごはんはサラダオンリー！ 青じそドレッシングでカロリーセーブ。(里奈ちゃん)

私はスープ！ 1杯53kcalの春雨スープで夜ごはんの日は18時までに食べ終えてた。(真里奈ちゃん)

ひとロ食べると止まらない！ みんなのラブ飯＝デブ飯♡
Q. ダイエット中に食べなかったものは？

うまいものほどデブりやすいから、ホントは大好きなものも、ダイエットが終わるまではグッとこらえてガマン!! そのうち胃が小さくなって食べられなくなるはず♡

1位 炭水化物 278票
「まったく食べなかったわけじゃないけど、昼と夜は少なめにしてた」(柊ちゃん)、「夜だけ炭水化物を食べなかった」(優美ちゃん)など、糖質の高い炭水化物をセーブしてるってコが半数以上いたよ!!

2位 スナック菓子 54票
高脂質・高カロリーなうえに、栄養素がほとんどないスナック菓子。「ポテチを食べるのはいっさいやめた！」(優妃ちゃん)

3位 揚げ物 42票
どうしても食べたいときは「お昼ごはんのあとに、エネルギーを消費するからガッツリ食べた。揚げ物もOK」(真優ちゃん)

4位 チョコレート 35票
「基本お菓子禁止！ どうしてもツライときはチョコ1粒だけ食べた」(彩花ちゃん) ガマンのしすぎはストレスのもと！

5位 ジュース 31票
「ジュースは絶対飲まない！」(みにちゃん) そのぶん、野菜ジュースや飲むヨーグルトで満足感を得てたってコもいたよ。

おいしいものたちの誘惑に打ち勝て!!

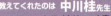
教えてくれたのは 中川桂先生
シロノクリニック恵比寿本院の医師。理想的なナチュラル美を最大限に引き出す美肌治療を提供。

1 ０カロの食べものならいくら食べても太らない!

摂取カロリーをセーブすると太らないなら、０カロのものは食べてもいいのかな？

× ０カロの食品には人工甘味料が含まれているものが多いから、逆に太ってしまうこともあるよ!!

2 つま先立ちで歩くと筋肉がついて脚が引きしまる

〝ながら運動〟によくあるつま先立ちって本当に効果あるの？ 何に効いてるの？

○ 筋肉を鍛えてるというよりは、血行が促進され、老廃物が排出されやすくなるのでむくみが解消されるよ。

3 たくさん食べるとだんだん胃が大きくなっちゃう

食べれば食べるほど胃が大きくなるから、たまに断食して胃を小さくしなきゃ～!!

× 食事の前後で胃が伸び縮みすることはあっても、胃の大きさは変化なし。満腹感は満腹中枢が決めるもの!!

4 おなかにラップを巻いて発汗させるとくびれができる!!

運動するとき、ヤセたい部分にラップを巻くと代謝が高まって細くなる★

× 汗が出たぶんくびれたように思えるだけで、実際細くなってるわけではない！ 引きしめたいなら筋トレ!!

5 ごはんを食べるまえにお風呂に入ると食欲が抑えられる

お風呂に入ると、食欲が減る…ってことはごはんのまえに入れば食べすぎ防止!?

△ 血流がよくなるため、胃腸の動きが弱まって食欲は抑えられるけど、その瞬間だけ。実際にはごまかし程度だよ！

6 逆立ちをするとリンパが流れてむくみが取れる!!

脚にたまった水分や滞ったリンパがスムーズに流れてむくみが解消されるらしい。

○ 血流を頭のほうにもっていくことでむくみ解消★ ただし長時間は頭に血がのぼるから避けてね。

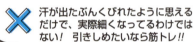

実際にヤセたコのいるダイエットテク

ドクター的にはどうなの!?

リアルにヤセたコがいる＝正しいダイエット法ってことではないよ。みんなのダイエットテクについても、中川ドクターにジャッジしてもらったよ♪ 健康的な正しいダイエットでキレイになろう♥

Diet 01 ヤセたら●●ダイエット
「100g減るたびにお父さんから¥100もらうダイエット貯金。ヤセたらごほうび感覚でがんばれた！」(栗原めあり♡)

○ 楽しみや幸福感のバリエは多いほうがダイエットに効果的。そのお金でお菓子を買わないでね!!

Diet 05 軽めごはん ダイエット
「ご飯はふわっと盛り、パンはスカスカ系をチョイス。持ったかんじで軽いものならセーフって判断」(森優香♡)

× 重さとカロリーは比例しない！ シリアルや蒸しパンは見た目に反して糖質が高いから要注意。

Diet 04 ホットヨーグルトダイエット
「ヨーグルトは温めることでおなかにさらにやさしくなるって聞いた。便通と代謝がよくなった気がする」(葛西青♡)

○ 温めることで、体を冷やさずに乳酸菌の働きを高める効果アリ！ 胃腸への負担も軽減されるよ。

ホント!? ウソ!?

世の中にたくさんありすぎるダイエットに関するウワサ…あまりにたくさんありすぎてどれが本当に正しいのか正直わかんないよね！ というわけで、医学的にアリかナシか、ドクターに教えてもらったよ♪

撮影／伊藤翔

ヤセる！popteen Part6 ダイエット体験談編

9 寝るまえにスプーン1杯のはちみつをなめるとヤセる！

いち時期、話題になったダイエット法。寝ている間の脂肪燃焼を高めるってウワサ。

✕ はちみつには糖質が含まれているから、食事をコントロールしないと美容効果より太る要素が上回るよ。

8 ごはんのときは野菜から食べると脂肪になりにくい

野菜→肉→ご飯の順で食べると太りにくいっていうけど、ホントなの？

○ 野菜から食べると、血糖値の上昇がなだらかになり、脂肪の吸収を抑えてくれるから太りにくい!!

7 背伸びをすると血行が促進されてヤセる♥

起床後すぐ、食前…やるタイミングはさまざまだけど背伸び＝ヤセるってウワサ多数。

△ 体内に酸素が行き渡り、血行もよくなるけれどダイエットとしての効果はほとんど期待できなそう…。

14 ごはんのときはたくさんかむとヤセやすくなる♪

ひと口につき30回以上かむと太らない!! 少量でおなかもいっぱいになる♪

○ 早食いと食べすぎを防止。ただし、片側でばかりかんでいると顔のゆがみの原因になる可能性も！

13 朝ごはんのときにタンパク質をとったほうがヤセやすい

ゆで卵やささみなどのタンパク質を朝から摂取するとヤセ体質に近づくらしい。

○ 朝から血糖値が安定するから、空腹を感じる頻度が少なくなる！ 脂肪燃焼率がUPする効果もアリ♥

10 一日2缶ツナ缶を食べて8時間寝るとヤセるらしい

実際に成功した人もいるテクニック。満腹ホルモンが分泌されて食欲をセーブ！

○ 高タンパク低カロリーなツナ缶と良質な睡眠が満腹ホルモンを増加させてヤセ効果を発揮♥

12 白米よりも玄米のほうがダイエットにはいい♥

オーガニック的な茶色いもののほうが健康にいいらしい…ってイメージ。

○ 栄養素が豊富で、血糖値の上昇もゆるやか。かみごたえもあるから、玄米のほうが腹もちがいいよ♪

11 青いものを見ながら食事をすると食べすぎない

青は食欲を抑える色っていわれてるから、食器を青にしたらドカ食い防止になる？

○ 青は脳の興奮を抑える色だから、自然と食欲もセーブされる。また、消化器官の動きも鈍らせるよ!!

Diet 03 朝ランニングダイエット

「朝に走るとその日の代謝が上がるって聞いたから早起きして走った。ゆっくり走ってリフレッシュ！」(吉田早希ｻﾝ)

○ じつは夜よりも朝のランニングのほうが脂肪の燃焼がしやすい！1回のランニングは20分以上続けてやろう。

Diet 02 おやつはナッツダイエット

「素焼きアーモンドやくるみを持ち歩いて、小腹がすいたら1粒摂取。意外と満腹感がある」(吉田早希ｻﾝ)

△ ナッツはカロリーが高く脂質を含むので量に注意！ニキビの原因にもなりやすいから気をつけてね。

Diet 07 白米抜きダイエット

「ご飯が好きだから3食白米抜きは超絶ツラかった！すごいストレスだったけど5日間で1kgヤセたよ♥」(川田愛莉ｻﾝ)

✕ 炭水化物は生命維持に欠かせない栄養素。完全に抜くのではなく量を減らす程度がベター♪

Diet 06 半身浴ダイエット

「お風呂が好きだから42℃のお湯に1時間、半身浴していても苦にならない♪ 出るときには38℃くらいになってた」(川田愛莉ｻﾝ)

○ 20分以上入ると効果アリ。食事の前後は避け、水分補給をこまめにとるようにこころがけて。

あたりまえに信じてた話から都市伝説なウワサまで!!

私たちのやってるダイエットって本当に効果あるの!?

ダイエットテクの

10日間ダイエットダービー

エクササイズで！ ながらテクで！ 食事メインで！
だれがいちばんヤセられるか勝負！

JKたちが、効果のありそうな4つのダイエットテクを実際に10日間お試し♪ いちばんサイズダウンしたのはいったいだれ!? リアルダイエットレポート、参考にしてね。

-1.4kg!! 高澤凪チャンがチャレンジ!!
家でゴロゴロ"ながら"ヤセた！

「食べてすぐ寝ると牛になる」なんていわれてるけど、このダイエット法はまさに"食べてすぐ寝る"だけ!! ごろ寝することで肝臓を活性化し、代謝をあげることがダイエットにつながる。

2日目
「正直ごろ寝だけじゃ不安だったから、腹筋やストレッチも追加してやってみた！」

肝臓のある右側を下にし、頭と足を30cm高くして寝ると肝臓に血液が集中。食後15〜30分ごろ寝して！

3日目
「ふだんサボりがちなリンパマッサージも念入りにやった（笑）。せっかくくびれたらいいなぁ…。大好きなアイスをガマンしたよ」

7日目

「ウエストに効くダイエット法だから、めっちゃくびれたらいいなぁ…。大好きなアイスをガマンしたよ」

10日目

「10日間終了〜！ いいかんじにヤセた気がする♥ こんなにラクでほんとにいいのかな?」

After 41.4kg ◀◀◀ Before 42.8kg
身長>155cm

23cm	二の腕	24cm
72cm	バスト	74cm
57cm	ウエスト	60cm
81.5cm	ヒップ	82cm
43cm	太もも	45cm
31.5cm	ふくらはぎ	32cm
21cm	足首	21cm

食事制限もしたから、果たしてごろ寝のおかげかはわからないけどヤセられてよかった♥

-2.8kg!! 本學栞チャンがチャレンジ!!
くびれ体操でウエストも激変！

朝と夜に各1分簡単な運動をするだけ♥ おなかまわりの筋肉を鍛え、ろっ骨と骨盤の距離を離すことでくびれが生まれるメカニズム。ずぼらなコでも続けられる手軽さが魅力★

4日目

「帰りが遅かったから、夜は炭水化物抜き！ お風呂あがってからはバイブでマッサージもしたよ」

2日目

夜

→両腕を胸の前で組んだら、脚上でクロスさせ、クロスしているほうに体をひねり×左右各5回。

朝

→かかとをピッタリつけたまま両手を頭上で合わせて伸びをし、上半身を左右に各5回倒すよ。

5日目

「きょうは朝バタバタしててやれなかったから、お昼の休憩のときにやった。夜はまったり」

あお向けで脚をまっすぐ上げたら、足首を前後に10回動かす→足首をくるくる10回転。そのあと、両手を頭上で合わせて伸びをしたら、足首を前後左右に10回動かしてリラックス。

「食べるものもなるべくヘルシーなものを心がけてる！ 体操は毎日ちゃんとやってるよ」

After 38.5kg ◀◀◀ Before 41.3kg
身長>152cm

22cm	二の腕	23cm
75cm	バスト	76cm
35.4cm	ウエスト	57cm
81.5cm	ヒップ	83cm
40cm	太もも	42.5cm
30.4cm	ふくらはぎ	30cm
18.2cm	足首	18cm

ウエストが激変!!
「ウエストのくびれがくっきりできて自分でもビックリ!! 全然ツラくないから驚いた」

毎日2分だけだったから続けられたし、意識して食事も控えたからいい結果が出せたのかも！

-0.8kg!! 鈴木ももチャンがチャレンジ!!
腸内環境を整えて下腹スッキリ！

腸に必要な3大要素である善玉菌・食物せんい・オリゴ糖が、ヨーグルト・アボカド・はちみつのそれぞれに入っているから腸内環境が整うよ！ 一日合計250g食べるのを目標にして毎日続けよう♪

3日目
「パイナップルを3切れ入れてスムージーにして、朝ごはん代わりに。食感もよかった★」

「夜10時すぎにヨーグルトを食べてないことに気づいたけど、遅い時間だと逆効果だと思ってやめた」

ヨーグルト125gに対してアボカド半分、はちみつ大さじ1を加えて混ぜる。レモン汁で味を整えて。

5日目

「アボカドをすりつぶさないで食べたら、食感が嫌すぎて（笑）。昼はカラオケに行ったよ」

After 42.6kg ◀◀◀ Before 43.4kg
身長>152cm

21cm	二の腕	22cm
74cm	バスト	76.5cm
59.5cm	ウエスト	61cm
84cm	ヒップ	84cm
45.5cm	太もも	47cm
32cm	ふくらはぎ	33cm
19cm	足首	19cm

7日目
「毎日便が出てるおかげで、ポッコリおなかじゃなくなった！ 水着の季節にはいいかも♥」

ウエストが細くなっててうれしい♥ もうちょっとストレッチとかもすればヤセたのかなぁ？

しかし翌日バイキングに行って+1.4kg（笑）

-0.9kg!! 平藤李子チャンがチャレンジ!!
脚上げ体操でサイズダウン！

プリッとしたお尻をつくる脚上げエクササイズ。美しすぎるお尻として有名な、インスタグラマーのジェン・セルターも紹介しているよ♥ お尻だけじゃなくて下半身全体の引きしめに効果アリ！

1日目
「朝ごはんはオイコス！ お通じがよくなるし、おいしい♥ 体重は変化なし。筋トレじゃそう簡単に減らないか（笑）」

2日目
「不安定なソファの上でやって、体幹も一緒にトレーニングしてみた！ 10回×2セットやったよ」

→よつんばいになったら、右ひざを曲げたまま後ろに蹴り上げ下ろす。左脚も同様にやろう♪

5日目

「運動だけだと結果が出なそうだと思ったから、カロリーにも気をつけてたよ♪」

After 42.6kg ◀◀◀ Before 43.7kg
身長>154cm

22cm	二の腕	23cm
84cm	バスト	83cm
59cm	ウエスト	60cm
87cm	ヒップ	87.5cm
37cm	太もも	39cm
31cm	ふくらはぎ	32cm
20cm	足首	20.5cm

8日目

「この日は焼き肉♥ 脚上げ体操は体調に合わせて、回数を調整しつつ毎日やってたよ♪」

10日目

「つま先をピンとしたほうが効いてる気がする！ 5秒キープの10回×4セットやった!!」

やり方を自分でいろいろ試して工夫した！ 運動系だけだと簡単には体重減らないと思う!!

Part 7 なまからさ論

ここでは日常生活の消費カロリーをUPさせる"ながら"テクを伝授♥「ながらダイエット」の時間が取れない」なんていいわけだから〜!!

撮影／伊藤翔　ヘアメイク／YUZUKO　スタイリスト／都築茉莉枝(J styles)
●商品の問い合わせ先はP.128にあります。

ケータイいじってるだけに
見えるじゃん？
太ももも鍛えてるんだな♪♪

パーカ、ビスチェ各¥5,389、パンツ¥6,629／以上ジェイダ渋谷109店

パーツ別 ヤセ活スクール

授業中はやりたいほーだい ながらヤセ!!

授業中にできるヤセテクをパーツ別に紹介！気になる部位にアプローチしながら勉強して、スタイルアップと成績UPを両立させよう♪

先生の話聞いてるも〜ん♪(笑)

撮影／清水通広(f-me)、伊藤翔

回転イスで ねじり運動
両手は机において、おなかに力を入れたまま体をひねる★ パソコンルームとかにある、回転するイスでやろう。

わき腹 ストレッチ
わき腹を縮めながら、体を横に倒して消しゴムを拾う。左右やりたいので、消しゴムは何度も落とそう！(笑)

イスを使って ストレッチ
背もたれをつかみ、肩甲骨を寄せるようにストレッチ。背スジが伸びて気持ちいい★

脚を 浮かせる
イスの両端をつかみ、背スジを伸ばしたまま脚をそろえて浮かせる。下っ腹だけでなく、脚ヤセにも効くよ♪

くびれテク

便秘解消の ツボを押す
便秘点（べんぴてん）
耳の、上からひとつめのくぼみの、つけ根に近いあたり。便秘のコが押すとかなり痛い！ペンで刺激しよう♪

合谷（ごうこく）
親指と人さし指の骨が合流するあたりの、手の甲側にあるくぼみが"合谷"。★ 3秒押して、3秒離すをくり返して。

おなかを へこませる
おへその下に力を入れて内側に引っ込める。5秒やって呼吸するのをくり返すと◎。

小顔テク

クマ取りできる デカ目マッサージ

1 皮膚の薄い目の下はソフトタッチで。中指で内から外に向かってトントン刺激しよう。

2 親指で眉頭を押し上げるようにプッシュ。そのまま眉毛にそって押していくよ。

ノートに隠れて 舌回し
口を閉じて、唇の前で舌をグルグル回転。ノートで隠してやれば、まわりの目が気にならない！

耳たぶ グルグル
耳のツボは小顔にきくらしい♪授業にあきたら耳たぶ回しで顔の血行アゲてこ〜!

ペンで 刺激する
顔のツボを押すと血流がよくなってコリがほぐれ、むくみが取れる♪ペンでやさしく刺激しよう♥

太陽（たいよう）
眉毛とこめかみの間にある、小顔に効くツボ。パッチリふたえになる効果も。

四白（しはく）
黒目下のくぼみから指1本分下にあるよ。顔のむくみを解消するツボ。

頬車（きょうしゃ）
歯を食いしばったときにふくれ上がる部分。二重あごの解消に効果的！

上を向いて 舌出し
あごをつき出し、舌を真上に出す★かなり変顔になるから、やさしい先生の授業中にやるのがオススメ(笑)。

ヤセる！Popteen Part7 ながらヤセ編

先生ごめんね♥
勉強より大事なことが
ウチらにはある！

あ、授業もちゃんと聞いてまーす

交差した脚を上げる
片足をのっけた状態で脚を上げると重りになって効果UP。左右交互にやろう★

教科書をひざにはさむ！
ひざに教科書やノートをはさんで、限界までガマン★内ももがプルプルしてくる〜！

二の腕テク

美脚テク

お尻を浮かせる
両手でイスの端を持ち、お尻を浮かせて10秒。意外とキツいから先生に気づかれないように注意。

脚をピッタリくっつける
もも、ひざ、ふくらはぎをぴったりつけて脚をとじると、太ももの内側の筋肉が鍛えられて、細くなる♥

腹筋ウエーブ

座っているとき、腹筋を下→右→上→左の順番を意識して、収縮。それぞれ3秒キープ！

ヤセ活♪

ひざを押し合う
足首をクロスさせ、右脚は左、左脚は右へ前に押し合うようにして8秒キープ。脚の組み方を変えて各4回やってね!!

ウザがられるけど！

ビンボウゆすり

ビンボウゆすりはふくらはぎを刺激するので血液の循環がよくなるよ。リズムとるふうにやればバレない!?

ひねり運動
上半身をひねってウエストしぼり。後ろにプリント渡すときもムダに元気よく♪
はいっどうぞ

机を押さえる
グーッ
机の上に、手のひらを下に向けて手をおき、ひじは曲げずに伸ばす。思いきり机を押さえつけて10秒。

♪

足首回し

片足を浮かせたら、足首から先をゆっくりと大きく回す★ 左右10回ずつで、ふくらはぎのむくみが解消するよ!!

用事なくても後ろ向く！

ヤセエクササイズ！

運動神経が悪くてもできる、〝寝ながら〟簡単脚ヤセエクササイズがこちら♪　ゴロゴロしながら、気になる部位を引きしめていこう！

撮影／堤博之

参考にしたのはこの本
「寝たままスッキリ！リンパ体操」（前新マミ著）
寝たままできるリンパ体操が満載で、めんどくさがり屋さんにもOK。（¥1080／高橋書店）

股関節をゆるめる！
脚ゆるゆる体操

股関節を意識的に動かすだけで、脚のつけ根周辺の筋肉に効果バツグン★

① あお向けになり、片脚を脚のつけ根に引き寄せるように股関節を縮め、腰に脚の体重をのせる。

② 脚の力を抜いて外側に倒したら、かかとを滑らせながら、もとのあお向けの姿勢に戻る。

③ 反対側も同様に行なう。回数はできるだけ多めにくり返すことで、股関節がやわらかくなる！

内ももに効く！　太ももパンパン！

両脚をパンパンぶつけることで、脚の筋肉を刺激。腹筋にも効果的で、まさに一石二鳥。

① あお向けになったら、両脚を脚のつけ根に引き寄せるようにして股関節を縮め、腰に脚をのせる★

② かかとで天井を押し上げる感覚で、ひざを伸ばす。このとき床側に脚が倒れないように！

③ 自分の脚の重みで脚をV字に開く。ひざは伸ばしたまま、自分なりの最大限に開けばOK。

④ 左右の太ももをぶつけるように、脚をリズミカルにクロスさせる★　これを4回×2セット。

ZOOM UP

足首に効く！
足首くるんくるん

足首の関節はかたまりやすいので、ゆるめることで、脚全体の血のめぐりがよくなってむくみも解消♥

① あお向けになったら、両脚を脚のつけ根に引き寄せるように、股関節を縮め、腰に脚をのせる。

② かかとで天井を押し上げるつもりで、ひざを伸ばす★　足首が90度になるように意識。

③ 脚をV字に開き、手で太ももを支える。さらに足首を小指側から8回回す…を4セット！

\やわらかいコは／　\かたいコは／

太ももを支える手は、体がやわらかいコは内側、かたいコは外側が正解！

骨盤のゆがみを直す！
エア足蹴り★

骨盤のゆがみが直るとヤセやすい体質に変化!! 脚にも腹筋にも効果的で、お得なエクササイズだよ！

① あお向けになり、両脚を脚のつけ根に引き寄せる。頭に手をそえて、おへそをのぞくように上体を上げる！

② 4秒数えながら、かかとをつき出すように片脚を下ろす。このとき、脚が一直線になるようにすること★

③ 一度もとの姿勢に戻り、反対の脚も4秒数えながら、同じようにゆっくりと脚を押し出す。

④ ①〜③をしたら、両脚を脚のつけ根に引き寄せて、頭と脚をググッと縮める。これを4回★

\つらいコは／

おなかが苦しいコは、頭を起こさずに行なってもOK★　この体勢は腹筋に効かないけど、骨盤まわりのストレッチには効果的。

ゴロ寝しながら脚

ズボラさんでも簡単にできる♥

〇脚を直す！
ペンギン足運動

O脚の理由は股関節が内側に向いてるから。内ももをしめればまっすぐ脚に近づくよ！

① あお向けになり、両脚を脚のつけ根に引き寄せよう。腰に脚の体重をのせる体勢でスタンバイするよ★

③ 自分の脚の重さで脚をV字に開く。ムリのない範囲でいいけど、なるべく大きく開くのがベター。

② かかとで天井を押し上げるつもりで、ひざをまっすぐ伸ばす。なるべく腰の真上に脚を上げる！

⑤ かかとがついたらひざをギュッとしめ上げる。お尻とおへそにも力を入れて3秒キープ、を4回。

④ 脚を大きく外側から回し、ひざを曲げないようにしてかかとを近づける。下腹に力を入れてやろう。

裏ももに効く！
ヒップ上げエクサ

裏ももと同時に腹筋にも効くエクササイズ。つねにおなかと太ももの裏に意識をもっていくことが最大のコツだよ！

② 頭を持ち上げ、背中を丸めるようにして、おへそをのぞき込む。足の裏は床につけたまま！

① あお向けに寝たら、両ひざを立てよう★ 手は頭の後ろにおいて、そっとそえておくよ！

④ 4秒数えながら、ゆっくりと腰を下ろし、もとに戻ったら、リラックス。①〜④を4回くり返す。

③ 4秒数えながら、おなかをへこませるようにして、ゆっくりと腰を上げていく。呼吸は自然に行なってね♪

前ももに効く！
もも裏ストレッチ

太ももの裏側を伸ばすと、脚全体に効果があるだけでなくお尻も小さくなる。股関節の血行も良好に♪

① 手をおでこに当て、つま先を立てた状態でうつぶせになる。このとき足首は90度をキープ★

② 足首を90度に曲げたまま、ひざを伸ばして片脚のアップ&ダウンを8回。下ろすときは力を抜いてね♪

上がる範囲でOK

③ 同じように、反対の脚もアップ&ダウンを8回くり返す。これを2セット。終わったらリラックス♪

むくみを取る！
脚deあいうえお

脚全体の筋肉を使う簡単な運動だよ。動きは単純でも効果はビッグ。

② かかとで天井を押し上げる感覚で、ひざをピンッとまっすぐ伸ばす。足首は90度を意識して♥

① あお向けになり、脚を脚のつけ根に引き寄せるようにして股関節を縮め、腰に脚の体重をのせる。

＼セルフマッサージなら／

③ 脚全体を使って、空中にひらがなを書く。腹筋も意識しながら、あ行、か行…と限界まで続ける。

片脚のひざに反対の脚のふくらはぎより下の部分をのせ、グリグリ動かして疲れやむくみをOFF♥

ダイエッター500人に聞きました！
Q. お風呂に入ってる時間は？

みんなの平均時間は約34分！ 気になる部位を念入りにマッサージしているとあっという間に時間がすぎるよね。最長は2時間！

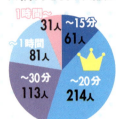

- ～15分 61人
- ～20分 214人 👑
- ～30分 113人
- ～1時間 81人
- 1時間～ 31人

基本的に全身浴のコは入浴時間短め、半身浴のコは長めっていう結果に。湯船につかるのは1回だけってコが多いからか全体的に入浴時間が短めになった。

もっとキレイになりたい 美への欲求はとまらない♥

ダイエッター500人に聞きました！
Q. お風呂の入り方は？

短時間で体を温めることができるからっていう理由で全身浴がじゃっかん優勢！ 毎日何かしら忙しいJKはまったりするヒマなし！！

- 半身浴 158人
- 全身浴 342人 👑

全身浴派のなかには「熱めのお湯に3分つかったあと、湯船から出て5分休憩する…をくり返す高温反復浴をしてる！」（優美ｽﾞ）って声もちらほらあった♪

ボーッと湯船につかるだけなんてもったいない！
お風呂でもっとヤセる!!

血行を促進して代謝をあげるお風呂タイムにひとテクプラスするだけで、ダイエット効果が倍増♥ どうせならやらなきゃ損でしょ！

撮影／清水通広(f-me)、蓮見徹

正座入浴で代謝UP

ぬるめのお湯で90秒正座するだけ。お尻でふくらはぎ全体を加圧できるから、血行が促進される！

ビニール袋をかぶって小顔化
コンビニのビニール袋に呼吸穴をあけたものをかぶって、40℃以上のお湯に10分！ 体調に気をつけてね。

湯船の中でV字腹筋トレーニング

湯船に脚を伸ばして座ったら、体がVの字になるように下半身を持ち上げて2秒キープ！

お湯をかけながら全身引きしめ

背スジを伸ばしてバスタブからお湯をくみ、ゆっくり立ち上がって、お湯を肩にかけるとスクワットになる！

はり手でバストアップ♥

上下運動も◎!!
どすこい
手を肩から前に水平に伸ばし、左右交互にお湯を前に押し出すと圧力も手伝って、大胸筋が発達♥

シャワーしながらリンパマッサージ

矢印の方向にシャワーをあてて
40℃のシャワーを矢印のようにあて、足先や手の先から温める。とくに肩甲骨を温めると代謝UP★

髪を洗いながらくびれづくり

背スジを伸ばした状態で、上体を真横に倒しながらシャンプーする。両側とも最低30秒は倒したままキープして洗ってね★

100

ヤセる！Popteen Part8 即ヤセ編

Part 2 読者発!!
私たちが実際にやったヤセテク!!

本当にヤセたっていうリアルなネタが大集合

読者のみんながすぐにヤセたいときにやってるテクを大調査！ 実体験に基づくクチコミだから信用度も高そうだよね♥ 多少のムチャも即ヤセのためなら！ってコにオススメ。

低カロ&栄養のあるものに1食置き換える!!
1食だけ低カロ食品に置き換えるテク。3食だとムリが出てくるけど、1食ならトライしやすいし、続けられる★

スムージー
"ヤセ体質をつくる"といわれるスムージーは朝食の置き換えに人気。おしゃれっぽいから気分もあがる★

寒天
コンビニで買える0カロ食品の代表格・寒天。読者のなかには水で寒天をつくって、そのまま食べるってコもいた!!

甘酒
ビタミンもアミノ酸も豊富で、飲む点滴として注目の甘酒。発酵食品で腸内環境も改善！

酵素ドリンク
ファスティングでも使われる酵素ドリンクは、おいしい&栄養満点で安心。たくぽんやなちょすもコレでヤセた！

とにかく跳びはねる!!
5分ジャンプすると約50kcal消費できるらしい！ いつでもどこでもできるところが、最大の長所。

キレキレのラジオ体操!!
意外と消費カロリーの高いラジオ体操。真剣にやればやるほど効果があがるうえに、なんか健康的〜♥

サウナスーツを着てダンス!!
100均のサウナスーツを着て、好きな曲でダンシング！ たっぷり汗をかいてカロリー大幅消費★

ひたすら寝る!!
ゴロゴロ寝てれば、ごはんやお菓子を食べる必要もナシ。カロリー摂取せずに生活できちゃう♪

とにかく歩いてカロリー消費!!
歩くことはダイエットの基本。効果をあげるためには足を大きく開いて速歩きするのがオススメ。暑い季節は水分をしっかりとるのも忘れずに！

- わざと1駅まえで降りる
- チャリに乗るのをやめる
- 夕食まえにウオーキング など

3食合計1000kcal以下にする!!
本来、一日に約1600kcal以上必要な摂取カロリーを大幅減。必然的にヤセるけど、栄養バランスには気をつけること★

なわ跳びを跳ぶ!!
遊び感覚でできる、なわ跳び★ ヒマな時間さえあれば、いつでも気軽にできちゃうところが◎。

おやつはきゅうり
きゅうりは1本約14kcalで超低カロリー。歯ごたえもあるし、そのまま食べられるのもいい♥

腰振り&腰回し!!
腰を振ったり、回したりすると骨盤の位置が整えられるってウワサ★ くびれづくりにも効果的!!

2週間で-3kgではなく、一日0.2〜0.3kgと思えばラク!!
ダイエットは一日ちょっとずつ…のほうが、気持ちがラク。あしたやればいいやってやって甘えてから卒業！

必ずホットヨーグルトを食べる
温めたヨーグルトは乳酸菌やカルシウムの吸収を高め、冷え対策にもバッチリ。600Wで1分が目安♪

3:5反復浴!!
40〜43℃の高めのお湯に3分つかって、5分出る…をくり返す入浴法。出てる間は体や髪を洗って。

ネットで調べた筋トレを実践!!
YouTubeやミクチャなどにある筋トレ動画は、わかりやすくてマネしやすいってのが人気の秘密★

脚全体に効く！
①よつんばいになったら、両ひじを床につける。片脚を斜め上方向に、思いきり蹴り上げよう。
②蹴り上げた脚をもとの位置に戻すとき、ひざは床につけずにくり返す。腹筋にも力を入れてやるよ。

体幹に効く！
つま先を床に立ててうつぶせになり、両ひじを床につける。おなかに力を入れて腰を浮かせ、体を一直線にしてキープ！

内ももに効く！

ウエストに効く！
片脚を上げると同時に、上げた方向にウエストもねじる。左右交互にくり返してくびれ対策。

外ももに効く！
まっすぐ立ったまま、片脚を真横に持ち上げるだけ。上半身は動かないよう固定!!

ワキ腹に効く！
❹横に寝転がったら、両手で上半身を安定させて両脚を真上に！ キツいけどキープして。
❺片ひじをついて横向きに寝たら、片脚を真上に上げて下げる。ながら運動にピッタリ★

夜は炭水化物抜き!!
過剰に摂取すると肥満の原因となる炭水化物。まったく食べないと不健康なので夜抜きでカロリーセーブ★

ひたすらもみまくる
気になる部位をひたすらもむと、脂肪がやわらかくなってヤセやすくなる★ 力を入れすぎるとアザになるので要注意。

夕食を18時までにすませる!!
一日の食事を8時間以内にすませる"8時間ダイエット"も長期休みだからこそできるオススメダイエット法。

スラッ！キュッ！スッキリ！

太って見えるのは脂肪じゃなくてむくみが原因なのかも！

むくみを取って見た目−3kg!!

実際に3kgヤセられなくても、むくみを解消すれば、あっという間に細くなって、見た目3kgヤセが可能に！ むくむまえ、むくんだあと…しっかりケアして、細見えを狙おう!!

撮影／堤博之

脚のむくみを軽減する4つの脚ツボ

脚のむくみには内臓機能を高める＆骨盤内の流れをスムーズにするツボをプッシュするのが効果的。痛気持ちいい力加減でやろう♪

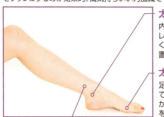

太谿（たいけい）
内くるぶしとアキレスけんの間の、くぼみの中央に位置するツボ。

太白（たいはく）
足の親指を曲げてできるシワの、かかと寄り。血流をよくするツボ★

三陰交（さんいんこう）
内くるぶしに小指をおき、指4本をそろえたとき人さし指があたる部分。

湧泉（ゆうせん）
足をグーにしたとき、足裏でいちばんへこんでいるところ。脚の冷えや不眠にも効果があるとされるツボ★

なんかむくんできたかも？
むくみを軽減するなら

多少むくんできても、パンパンになるまえに対策できれば、セルライト化を防げるよ!!

むくみに効果的な栄養素♥

むくみ解消に役立つ成分を含む食べ物を紹介するよ。栄養バランスも大事！

クエン酸
体内でのさまざまな代謝を促す働きのあるクエン酸。グレープフルーツやトマトはむくみに効果大。

カリウム
むくみの大きな原因は塩分＝ナトリウムのとりすぎ。カリウムにはナトリウムの排出を促す作用アリ。

ビタミンE
血流をよくする働きがあるから、余分な水分を回収してむくみを解消するのに効果的。代表食品はアーモンド★

きょうはめっちゃむくんでる！
むくみを解消するなら

むくんだあとはマッサージやお風呂でデトックス。翌日までむくみを持ち越さないでね★

顔のむくみ取りマッサージ

顔にたまった老廃物は、指でプッシュして流す★毎日の日課にしちゃって～♥

その1 手の形はこう！
手でゆるくグーをつくる。ちなみに顔マッサージをするとき、痛いと感じる強さは絶対にNG。

ゆるくグーにした手を縦にして、あごの下に置く。こぶしのへこみにあごをフィットさせよう！

その2
そのままあごから耳の下まで手をスライドさせて流していく。乳液をつけてやるのがベター。

あごの裏のくぼんでいる部分に親指の腹をあててほぐす。痛いコは老廃物がたまってるかも。

むくみ解消につながる入浴法

どんなに暑い日でも、入浴はむくみ解消に不可欠★半身浴よりも全身浴のほうが効果的。

ふくらはぎを下から上へさする

39℃のお湯に肩まで15分つかる★ふくらはぎをさすったり、足首を上下させると、血流がよくなって効果が上がる！

絶対むくみたくな～い!!
むくみを予防するなら

むくまないためには、ストレッチなどで体内の水分や血液の循環をよくすることが大事♪

むくみ対策の脚ストレッチ

血流をよくするストレッチでむくみ予防♥水分を多くとる夏はとくにむくみやすい！

その1 前から見ると…

→右脚を曲げ、足を前後に大きく開き、左手を右に倒して15秒キープ。反対も同様にやって左右各2回。

その2
まっすぐ立ち、片足を1歩前に出す。このとき、かかとは床にひっかける感覚で★頭からお尻は一直線。

①前に出した足首を反対側の手でつかむ。届かないときはすねでOK。15秒キープを左右各2回。

その3
足を前後に大きく開いて座り、前のひざを直角に曲げる。後ろの脚は、まっすぐ伸ばす。

両手を伸ばし、上半身を前に倒して15秒キープ。右脚で2回行なってから、左脚を2回行なうよ。

日常生活でむくみを予防する方法

同じ姿勢や冷えは、むくみの原因に！日ごろから気をつけよう!!

暑い日にもくつ下をはく!!
足が冷えると血のめぐりが悪くなりがち。くつ下やレッグウォーマーで冷え対策をとっておこう。

気がついたときに体を動かす!
長時間同じ姿勢だと、血流や水分の流れが滞りがち。屈伸やストレッチをするとGOOD。

脚のむくみ取りマッサージ

筋肉まで働きかけて、脂肪細胞も同時に流し去るマッサージ法をご紹介！

 太ももには

③ ひざ裏に両手の親指を重ねてあて、親指でひざを持ち上げるように3回押す。

② 両手の親指を脚のつけ根の中央にあてて、上体を少し倒し、3回押す。左右各3回行なうよ★

① ろっ骨のキワに両手の指をあて、上体を前に倒しながら押す。指を下にズラして3か所を各3回。

⑤ お尻の上に親指をあて、下に向けて強めに圧をかけながらさすり下ろす。左右各5回を2セット。

④ 脚のつけ根の10cm上に両手の親指をあて、強めの圧を加えて5回さすり下ろす。左右各2セット。

  ふくらはぎには

① ひざ裏に両手の親指を重ねてあて、親指でひざを持ち上げるように3回押す。左右3回ずつ。

ふくらはぎをつかんで、足首に向かって強めの圧でさすり下ろす。左右各5回を2セット！

POPモデルがやってるむくみ取りテク

POPモデルも〝むくみ〟には悩んでいる！自分なりの対策法を教えてもらったよ♥

めるる発 脚を高くして寝る
「寝るとき、脚を高くしておくと、脚にたまった水分が戻ってスッキリ!!」
 ZZZ…

ゆらゆら発 着圧ソックスを乾燥機にかける
「着圧ソックスって、何回かはいてるとゆるくなっちゃうから、乾燥機にかけると、圧が戻って新品同様に！（笑）」
いつでもキュッと脚！

ちゃんえな発 温冷タオル＆首回しで顔のむくみOFF

「ホットタオルと冷たいタオルを交互に顔にあててむくみをOFF！」
「肩がこるとむくみやすくなるって聞いたから、気がついたとき首を回すようにしてる」

くれたん発 毎日規則正しくしっかり寝る
 ZZZ…
「規則正しい生活が結局はいちばん！しっかり寝れば、次の日むくむ心配はないよ!!」

104

まずはウオーミングアップ！！

背中と腰には

① よつんばいになり、目線はおへそに向ける。骨盤をもち上げるように背中側を丸めて！

② 目線を上げて肩甲骨を寄せるように骨盤を戻し、背中を反らす。これをくり返してね♪

脚とお尻には

① 脚から肩までしっかりと伸ばしながら、腕立てふせの姿勢をとる。腰は反らないでね!!

② 左脚を左手の横に出し、右脚の裏からお尻にかけて伸ばす。反対も同じようにやろう。

トレーニングの進め方
同じ部位は2日連続でやらない！
筋肉は回復するときに育つから、連日のトレーニングは逆効果！1部位につき週2回くらいが◎。

初心者さん
目標回数	15回
セット数	2～3セット
セット間休息	90～120秒

慣れてきたら
目標回数	15～20回
セット数	2～5セット
セット間休息	30～60秒

筋トレ＝美しいボディーラインをつくる!!
筋肉が落ちてしまうと代謝まで落ちてしまうので、正しく美しいボディーメイクをするには筋トレが必要!!

教えてくれたのは 川本裕和サン
ライザップの教育ユニット新人研修リーダー。モットーは、ゲストに寄りそうこと♪

やりがいを感じるあなたに♥
発 部位別筋力トレーニング

CMでも有名なライザップから、部位別のトレーニングメニューを教えてもらったよ！メリハリをつけて、とにかくハードに自分を追い込めば、結果にコミットできるはず♥

おなかのトレーニング

上腹部

① あお向けで脚を浮かせ、ひざを90度に曲げてキープ。手を頭の後ろで組み、頭は軽く上げる。

② ひじを太ももに近づけるイメージで、息を吐きながら体を持ち上げる。下ろすときは息を吸うよ！

ワキ腹

① 脚を伸ばし、軽く浮かせた状態であお向けになる。手は頭の後ろで組んでスタンバイ。

② 左の脚を胸に引きつけるように曲げる。同時に右ひじを左ひざにつけるように体をひねる。

③ 反対側も同じようにひじとひざをつけ、体を対角線でひねる動作をくり返す。呼吸は止めないように注意してね!!

下腹部

① あお向けになり、両手は腰の横に手のひらを下にした状態で置く。脚はまっすぐ伸ばす！

② おなかの下の筋肉を意識し、息を吐きながら脚をゆっくり持ち上げる。脚と床は垂直に！

③ 息を吸いながら脚を下げる。このとき、脚は床から少し浮かせた状態でキープし、②～③をくり返す。

スタイルになる!!

筋トレは、お金がかからず、場所を選ばない最強のヤセ活♥ほどよい筋肉のついた、引きしまった体になりたいなら、トレーニングあるのみ!!

ヤセる！Popteen Part9 運動編

腕のトレーニング

❶ 脚は肩幅に開き、ひざを軽く曲げ、骨盤を前傾させて上半身を倒す。ペットボトルを持って準備完了。

❷ ひじは動かさずに、腕と肩が一直線になるまでペットボトルを後ろに持ち上げて、下ろすよ。

背中のトレーニング

❶ うつぶせになり、両手は肩幅より少し広くしてまっすぐ伸ばす。脚は腰幅に広げておく。

❷ おへその下のみ床に接するイメージで、ゆっくり背中を反らせながら手足を上げて、下ろす。

胸のトレーニング

❶ 両手は肩幅よりやや広く開き、手の指先は少し内側に向ける。この状態で腕立てふせの姿勢をとる。

❷ ゆっくりと胸を下ろしていく★ワキは開きすぎないように、60度くらいをキープするのが正解！

できないコは：スタンダードな腕立てふせができないってコは、ひざを床につけてやってもOKだよ！

Part 1 ライザップ
多少ハードなくらいが

脚・お尻のトレーニング
❶ 腰幅に足を開いて、片方の足を前に出し、もう片方は後ろに引く。後ろ足のかかとは浮かす。

❷ 前の脚の太ももと床が平行になるまでゆっくり沈み、戻る。背スジは伸ばしたままキープ！

NG：体が丸くなったり、ひざが前に出すぎないように注意しながらやってね♪

ひざは90度!!

守田美咲チャン

内からあふれるオーラまで魅力的に変身！

スタイルに自信がもてないと表情まで暗くなってドヨ〜ン

道具いらずでいつでもできる！筋トレで美

Part 2 一日5分でできる ゆる下半身トレーニング

毎日コツコツ…そのかわりつらいのはちょっとなあなたに♥

下半身の筋肉をつけると、太りにくい体質に変化！ 一日1種類トレーニングを続け、できるようになったらレベルアップしていけば、引きしまったボディーラインになっていくよ♪

参考にしたのは 一日5分でできるトレーニング法を多数掲載♥「中野ジェームズ修一式 下半身トレ」(¥810／マガジンハウス)

レベル1 筋肉をつけるベースづくり！

まずはシンプルで簡単な動きからスタートさせて、下半身の筋肉のベースづくりに励もう！

ヒールレイズ

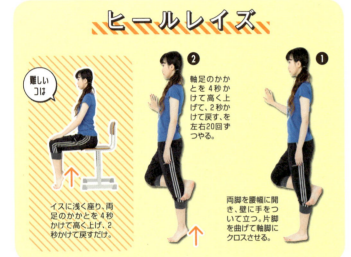

難しいコは イスに浅く座り、両足のかかとを4秒かけて高く上げ、2秒かけて戻すだけ。

❷ 軸足のかかとを4秒かけて高く上げて、2秒かけて戻す、を左右20回ずつやる。

❶ 両脚を腰幅に開き、壁に手をついて立つ。片脚を曲げて軸脚にクロスさせる。

ニートゥーチェスト

❷ 片ひざを曲げ、4秒かけて胸に引き寄せたら、4秒かけて伸ばす…を左右20回ずつやろう！

❶ 両脚を伸ばして座り、両手は後ろにつく。背スジを伸ばし、足首は軽く曲げる。

できるコは 同じ運動をあお向けの状態で行なうと、股関節の動ける範囲が広がって効果UP。

バックキック

❶ 手とひざを床についてよつんばいになる。手は肩、ひざは股関節の真下に★

❷ 片脚を4秒かけて引き上げたら、2秒かけて戻す…の動きを左右20回ずつ！

難しいコは 体がかたくてキツいってコは、両ひじを床についた状態で同じ動きをしよう。

スタンディングレッグカール

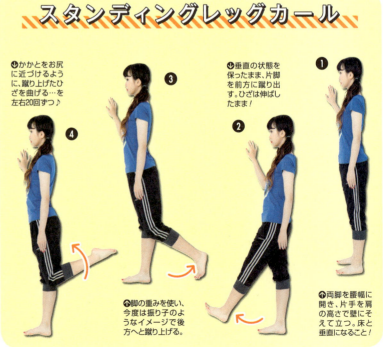

↓かかとをお尻に近づけるように、蹴り上げたひざを曲げる…を左右20回ずつ♪

↓垂直の状態を保ったまま、片脚を前方に蹴り出す。ひざは伸ばしたまま！

↑脚の重みを使い、今度は振り子のようなイメージで後方へと蹴り上げる。

↑両脚を腰幅に開き、片手を肩の高さで壁にそえて立つ。床と垂直になること！

108

レベル2 筋肉をつけるトレーニングスタート！

ベースの動きができるようになったら、レベルアップ！ 下半身に筋肉がつくまで、あとちょっと★

オルタネイト・フロントランジ

❶ 両脚を腰幅に開いて立つ。つま先は平行にして、背スジを伸ばし、胸をはるよ。

❷

❸ そのまま片足を大また1歩分、前に踏み出したら、前脚に体重をかけていく★

前後のひざを90度に曲げて上体を沈めたら、前足で床を蹴ってもとに戻る、を左右各20回くり返す。

ヒップリフト

❶ あお向けになり、脚を腰幅に開き、両ひざを曲げて立てる。手のひらは上に向ける。

❷ ひざ、腰、肩が一直線になるように4秒かけて腰を上げ、もとに戻す、を20回！

できるコは もの足りないと感じたら、片脚を上げた状態で、腰を上げ下げすると、効果絶大★

ワンレッグ・スクワット

❶ イスに片手をそえて、まっすぐ立つ★ このとき、反対の手は腰にそえておくのが正解だよ!!

❷ 背スジを伸ばし、片ひざを軽く引き上げる。頭から軸足のかかとまでまっすぐを保って片脚立ち。

❸ ひざを引き上げたまま、4秒かけてしゃがみ、2秒かけて戻る…を左右各20回。

難しいコは 片脚を後ろに引き上げた状態で同じ動作をすると、少しだけラクになるので◎♪

レベル3 太りにくい体にチェンジ！

いよいよ仕上げの段階にシフト！ 複合的な動きをすることで筋肉を鍛えれば太りにくい体に変身♪

スプリット

❶ 両脚を腰幅に開いて立ち、前後に大きく開いたら、両腕をまっすぐ上げる。

❷ 前側の脚に体重をかけながら、前後のひざが90度に曲がるまで深く沈める★

❸ 反動を利用して真上にジャンプすると同時に、前後の脚を素早く入れ替える★

❹ 着地したら、前側の脚に体重をかけ、ひざを90度に曲げる。左右各20回。

ワンレッグ・ヒップエクステンション

❶ あお向けになり、片足をイスにのせる。両腕は"ハ"の字に開き、手のひらは上向き。

❷ そのまま4秒かけて腰を引き上げたら、4秒かけて戻る…を左右20回ずつ★

難しいコは 負荷が強いと感じたら、両足のかかとをのせ、両腕を上げた状態でトライ。

ランジ・レッグリフト

❶ 片ひざ立ちをして、前脚に体重をかける。タオルを両手で左右に引っぱり、準備完了。

❷ 前脚の筋力だけで、後ろ脚のかかとから頭までが一直線になるように立つ♥

❸ ②の姿勢をキープしたまま、4秒かけて、両腕を肩よりも高くまっすぐ上げる。

❹ 4秒かけて後ろ側の脚を後ろに上げ、4秒かけて③に戻る、を左右各10回★

帳消しニュー

ていうみんなのために、何を何分やれば
変だからムダ食いは控えたいところ!!

撮影／伊藤翔
※それぞれの数値は目安です。

まずは 100kcal消費するのに必要な運動量をCHECK!!

100kcalって食べ物にすると、ほんのちょっとの量。でも消費するとなるとかなりの運動量が必要!!

>>100kcalってこのくらい!!

ポテチなら	チョコなら	パンなら	ご飯なら
うすしお 1/3袋!	板チョコ 1/3枚!	6枚切り 2/3枚!	お茶碗 2/5杯!

家事だと…

洗濯 ▶▶57分
衣類を洗って、干して、しまって、たたんで…までが一連の流れ。つねに背スジはピンとさせるのが正解。

掃除 ▶▶48分
48分って長！でも家の中をスミからスミまで掃除すれば、意外とすぐ!!部屋もキレイになるし一石二鳥。

台所の作業 ▶▶34分
お皿洗いや料理など、台所での作業ってじつは体力が必要。毎日手伝えば、おこづかいもUPするかも!?

模様替え ▶▶23分
たまにむしょうにしたくなる模様替え。やるときはイッキにやって、可能な限りカロリーを消費するべし！

ストレッチ ▶▶48分

ストレッチは運動的にはゆるいから消費カロリーは低め。ゆっくり時間をかけて、全身を伸ばしていこう♪

階段を上る ▶▶32分

階段を30分以上上る…って考えただけでゲンナリ。終わったとき、ひざがガクガクすることまちがいなし(笑)。

カラオケ ▶▶28分

カラオケはJKの大好物!!ノリのいい曲やおなかの底から声を出す曲をチョイス。おおげさに動くのも吉♥

自転車 ▶▶28分

自転車通学のコも多いから、これは楽勝？もちろん、ただゆるく乗ればいいわけでなく、本気でこいで!!

なわとび ▶▶13分

これまた地味にキツいなわとび。ムリに2重とびなどはせず、シンプルにとぶほうが長時間できる♥

ダッシュ ▶▶7分

全速力で7分間走り続けるのは相当なもの…。太ももを上げて走るとよりカロリー消費につながるよ。

ペットとじゃれる ▶▶46分

これは簡単♥と思うかもだけど、じゃれるときは全力で！ペット以上に自分が動くことを意識してね。

ショッピング ▶▶57分
お買い物は楽しいから長時間でも苦にならないよね★少しオーバーな歩き方がカロリー消費にはベター。

フラフープ ▶▶28分

簡単そうと思って挑んでみるとできないコ続出のフラフープ。ウエストのくびれメイクにも効果があるよ♥

筋トレって消費カロリーは高くない!!

スクワット ▶▶23分

ヒップアップに効果があると話題のスクワット。腰を落とすときは、空気イスに座る感覚でまっすぐに！

腕立てふせ ▶▶30分

女のコが腕立てふせを10分以上するには筋力がマスト。最初はひざをつく…など、工夫してやろう!!

腹筋 ▶▶41分

腹筋41分って、何回分!?途中であきらめたくなるような分数だから、何回かに分けてやるのがいいかも。

タイプ別 人気メニューカロリー帳消しプログラム

運動好きはA、動けないわけじゃないけどがんばれないズボラさんはB、運動嫌いなコはCの組み合わせがオススメ!!

とんこつラーメン 799kcal

A: ウォーキング▶120分 + ボウリング▶70分 + 授業を受ける▶218分
B: なわとび▶40分 + バスケ▶30分 + カラオケ▶85分
C: 背泳ぎ▶66分 + 半身浴▶150分 + ランニング▶50分

カロリーの高いラーメンを帳消しするためには運動量が多め！友だちと一緒にやるなど、モチベがあがる工夫をしてみよう★

からあげ(5コ) 340kcal

A: 笑う▶25分 + 語る▶120分 + 昼寝▶180分
B: 台所のお手伝い▶20分 + 腹筋▶8分 + 模様替え▶60分
C: ダッシュ▶15分 + ショッピング▶60分 + ストレッチ▶10分

ショッピングに模様替えに昼寝…どのプログラムも、楽しみながら帳消しできそう♥って油断してバカ食いするのはダメだからね！

焼き肉(タン塩100g) 320kcal

A: 半身浴▶120分 + 語り▶75分 + トイレ▶38分
B: ウォーキング▶60分 + フラフープ▶10分 + ダンス▶22分
C: ランニング▶30分 + 腹筋▶5分 + なわとび▶16分

Cはラクだけどだいぶ時間がかかりそう(笑)。ちょっぴりハードでも、Aのように、集中してサクッとカロリーを消費するのが効率的かも。

110

ヤセる！ popteen Part9 運動編

カロリー運動メ

摂取しちゃったカロリーを消費するには動くしかないから！

摂取したカロリーをどうにか帳消しにしたい！っ
100kcal消費できるかを一覧にしてみたよ。案外大

みんなの好きなスポーツは…

バドミントン ▶20分
友だちと遊びながらできるのがバドミントンの長所★ 公園でピクニックがてらやればあっというま。

バスケットボール ▶16分
バスケはコートの中を動き回って、ほぼ止まっている時間がないだけに分数が短め。でもツラさは大★

ボウリング ▶30分
ボウリングはただの遊びではなく運動！ 正しい動きをすれば、得点も消費カロリーもUP確実♪

ランニング ▶16分
16分間走り続けるとなると、かなり汗だく！ これは時速約8kmの速さの場合の消費カロリーだよ。

ウオーキング ▶32分
どうせ毎日歩くから32分なんてへっちゃらなんてことはない！ 腕をふり上げて早歩きして、この数値。

日常生活だと…

メイクする ▶57分
いつも10分ですませるメイクも、ていねいにやればこれくらい時間がかかるよね！ 仕上がりもきっと格別なはず★

シャワー ▶57分
シャワーで57分はなかなか大変！ 水道代もバカにならないから、POP的にオススメできません(笑)。

入浴 ▶75分
本を読んだり、マッサージをしていればあっというま。適度な水分補給をして脱水症状に注意して！

ゴロゴロする ▶88分
家の中でゴロゴロするなんて超簡単。効率UPを図りたければ、足の上下運動とかをするのもGOOD。

語る ▶75分
友だちと恋や人生について語り始めたら75分じゃ足りない★ ただし、お菓子を食べながらは絶対禁止〜!!

笑う ▶114分
笑いは自分も人もハッピーにする魔法のしぐさ♥ ただ、2時間近くも笑うとなるとそばに芸人さんが必要…。

寝る ▶114分
じつは寝ているだけでもカロリーは消費するもの。睡眠はお肌にもいいので、たっぷり寝るのが大事。

トイレ ▶63分
トイレに1時間以上もいるとみんなに迷惑…というか自分がくさくもなる!! ふんばり続けるのもひと苦労。

授業を受ける ▶114分
つまりは約2時限分、授業を受ければいいだけ★ とはいえ、寝てたら意味がないので真剣に受けよう。

阿部なつきチャン

アイドルダンス完コピ ▶23分
アイドルのダンスってかなりハード。ダンスはもちろん、歌まで完コピしてアイドル気分もGET★

ラジオ体操 ▶28分
全身運動にもなるラジオ体操。第一だけで約3分だから、9回くり返しても少し足りないってこと!!(泣)

プールも泳ぎ方によって変わる!!

背泳ぎ ▶23分
意外と難しいのが背泳ぎ。進んでいるのかいないのかがわかりにくいけど、水に浮いてる感覚は快適。

平泳ぎ ▶21分
カエルみたいにゆるく泳げる平泳ぎ。疲労指数はそんなに高くないので、21分くらいはへっちゃら。

クロール ▶16分
泳ぎ方のなかでもバランスよく全身を使うクロール★ 肩から大きく腕を回すのが上手に泳ぐコツ。

踏み台昇降 ▶19分
踏み台昇降は地味にキツい運動のひとつ。家でやるなら15〜30cmの高さの台を用意してやろう！

スポーツ観戦 ▶34分
運動するのが苦手ってコは、観戦命★ おなかの底から声を出したり、大きくリアクションを!!

3●のホッピングシャワー 275kcal

アイドルダンス ▶15分	スポーツ観戦 ▶30分	ラジオ体操 ▶12分
＋	＋	＋
メイク研究 ▶75分	ストレッチ ▶10分	ペットと遊ぶ ▶68分
＋	＋	＋
掃除	腕立てふせ ▶5分	ボウリング ▶20分
	＋	＋
	洗濯 ▶85分	腹筋 ▶7分

おいしく食べた大好きなスイーツを帳消しするなら楽しみながらできるプログラムでどうぞ♥ 家の手伝いも多いからホメられそう！

じゃがり● 298kcal

料理 ▶75分	ゴロゴロ ▶150分	バドミントン ▶30分
＋	＋	＋
メイク ▶35分	ラジオ体操 ▶6分	階段を上る ▶20分
＋	＋	＋
笑う ▶18分	ウオーキング ▶34分	スクワット ▶20分

放課後、気軽に食べたおやつも、帳消しするには時間や労力が必要…。Cタイプはつくった料理を食べすぎると逆効果だから注意してね！

オムライス 607kcal

カラオケ ▶150分	踏み台昇降 ▶35分	ウオーキング ▶120分
＋	＋	＋
ペットと遊ぶ ▶15分	ダッシュ ▶10分	なわとび ▶12分
＋	＋	＋
洗濯 ▶10分	バドミントン ▶35分	平泳ぎ ▶25分
＋	＋	＋
ゴロゴロ ▶18分	自転車 ▶29分	腕立てふせ ▶6分

ストイックにやって達成感を感じたいならA、"ながら"で効率よく消費するならB、ほぼ遊びながらのんびりしたいならCを選んで♪

正しいランニングで細くなる!!
スポーツトレーナー直伝!

撮影／堤博之

ランは、ただ走ればいいってもんじゃない! 基本姿勢とラン前後の運動がカギとなるのでプロの教えを実践しよう★

教えてくれたのは

スポーツクラブルネサンスって?
日本全国展開で、専門知識をもつトレーナーが多数在籍。豊富なプログラムも、魅力的!

木村光希サン
スポーツクラブルネサンスのトレーナー。世界のマラソン大会にも参加するランニングの達人。

正しいランのフォームはこう!

田尻あやめチャン

- **前傾姿勢で!**
- 脚から前に出すのではなく、体の前傾を使って自然に進むことが大切。ひじは、自分の体よりも後ろに引く★
- **ひじを後ろに引く!**
- **脚が自然に前に出るように!**
- **NG** ひじを体の前で振り、腰が入りすぎる姿勢はNG!! 足の保護のために、ランニング用のスニーカーはマスト。
- **靴はランニングシューズを買おう!!**

重要なのはこの3つ!

ツラすぎないペースで♪
走るときは、だれかと言葉のキャッチボールができるぐらいの速さが正解。ムリは禁物!

朝走るのがベスト!
朝に走って代謝を上げると、その日一日中、エネルギーを消費しやすい体になるので効率的♪

20分以上走る!
脂肪が燃えやすくなるのは、走りだしてから20分後から。20〜30分のランニングがGOOD♥

走るまえは エクササイズで筋肉スイッチON★
正しく走るためには、使う筋肉にあらかじめ刺激を与えておくことがポイント★

その1
足を肩幅に開き、お尻に力を入れる。手を斜め前に上げ、おなかに力を入れたまま下げる×5回。

その2
おなかに力を入れたまま、軽くしゃがむよ。お尻を後ろに引くイメージで腰を下ろしてね♪
片脚を90度に曲げて両手で抱える。テンポよく、左右合計10回。ひざの上げすぎもNG!!

その3
軽く足を開き、おなかに力を入れる。手は真横に広げ、まっすぐをイメージしたまま前傾。
軸脚は軽く曲げ、片方の脚を後ろに伸ばす。後ろ脚の足首は90度★ 左右合計で10回。
（横から見ると…）
骨盤をグラグラさせたり、脚を横に伸ばすのはNG。手のひらはきちんと正面に向けよう!

その4
おなかに力を入れた状態で、足を肩幅に開いて立つ。両手は腰の前あたりで合わせるよ。
合わせた両手を頭の上に持っていき、手の甲を合わせる。おなかは力を入れたままで!!
両手を外に向けたまま、肩甲骨を意識しながらひじを90度に曲げる。これを10回くり返す。

走ったあとは ストレッチで筋肉ケア♪
ランニング中は筋肉が縮む動きが多いから、終わったあとにゆっくり伸ばしてあげよう!

その1
右脚を曲げ、足裏は左ももに倒したら、足を左右に動かし、各20秒。逆脚も同様にやろう。

その2
片脚を大きく後ろに引き、足の甲を床につける。ひざをつけて、腰を落としたら20秒キープ。左右両方やってね。

その3
右脚を曲げて座り、左脚は右ももの外側におく。背スジを伸ばし、左脚を両手で胸に寄せて20秒。右も同様に!

読者発! もっとダイエットランを楽しみたいなら♥

隠れランナーは 家の中でエアジョギング!
その場で走るフリをするだけ♪ マンションのコは下の階に響かないよう、タオルの上で。

ガチランナーは アミノ酸とプロテインをとる!
運動まえにアミノ酸を摂取すると、集中力が上がるうえに、脂肪燃焼の効果もUPする! ラン後45分以内にプロテインを摂取すると筋力がUP★ 筋肉がつくと、代謝も上がるよ!!

ミーハーランナーは おしゃれなウエアを用意!
形からはいるのも大事!! 自分好みのカラフルなウエアで走ろう★

トップにボリュームを
出して目線外し

ベージュの
ヒールで
脚長効果

ウエストを
高めにマーク

フェースラインに
髪をかけて隠す

顔まわりに
手を置いて
小顔効果

シャツ¥8629、ショー
トパンツ¥14029、パン
プス¥11869／以上ジェ
イダ渋谷109店／ピア
ス¥540／クレアーズ 原
宿駅前店

Part10
サギヤセ編

体重が減らなくても、ヘアスタイルやメイク、コーデ次第でヤセて見せることは可能♥ とっておきテクを教えちゃうよ♪

撮影／伊藤翔　ヘアメイク／YUZUKO　スタイリスト／都築茉莉枝（J styles）　●商品の問い合わせ先はP.128にあります。

なれるベースメイク ♥

小顔メイクのコツは、自分の顔型を理解して正しくベースをつくること。ここでは、顔型別のチーク・ハイライト・シェーディングテクを解説！ これできょうから小顔の仲間入り♥

デカ顔は2色のファンデでシェーディング！

顔が大きいコはシェーディングが命！ シェーディングパウダーより、自然なファンデで影をつくってサイズを小さくしよう★

Point ハイライトはせまめにON
黒目より外に広げないほうが顔の横幅がせまく見える。逆に鼻スジは先端までしっかりと。

Point 暗めファンデで小顔見せ！
素肌よりワントーン暗めの色でリンカクを囲んでシェーディング。内側はいつもの色を塗るよ

Before

ハイライトとシェーディングの陰影でメリハリを出しながら、卵型の小顔に近づけていく。

Point 斜めチークで逆三角顔に変身
ほおの中心から目尻に向かって斜め上にチークをボカして、顔の下半分をシャープに見せるよ★

ちなみにヘアは 高さとボリュームでサイズをごまかす！

前髪を26mmのコテで巻いてカーブをつくりふんわり仕上げてボリュームを出すよ。

頭のてっぺんでハーフアップだんごに。高さを出すことで目線を外して、リンカクをごまかす！

2色ファンデでつくる自然なメリハリで立体小顔に！

丸顔はシェーディングで縦ラインを偽造！

サイドにシェーディングカラーを入れて、丸顔のふくらみを削るのが重要！ どのパーツのメイクも横に広げすぎないことを意識♪

若林萌々チャン

ぷっくりほっぺを引きしめる縦長シェーディングをON★

Before

顔が丸いと幼い印象に。シュッとした小顔になるためには、縦長ラインをつくっていこう。

Point 両サイドを縦に削る
シェーディングパウダーを太めのブラシに取り、こめかみの上からあご先に向けてまっすぐ色をのせていくよ。

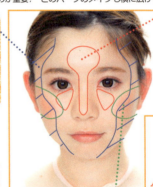

Point ハイライトは鼻スジメイン
基本はデカ顔と同じく、横にせまく縦に長くON。鼻スジを強調したいので、目の下は薄めに。

Point チークは小鼻の横から斜め上に
顔にメリハリを出したいから、赤みのある色を選ぶのが◎。小鼻の横からほお骨にそってボカす。

ちなみにヘアは 前髪を上げて縦ライン強調！

32mmのコテで全体をゆるく巻き、両サイドの髪を手前に流してリンカクをカバー。

前髪～トップの髪をせまめに取って結ぶ。左右広く取ると逆効果なので要注意！

かまわない！ とにかく細くなりたいんです!!
でも細くサギる！

メイク、ヘア、コーデ、写メ…あらゆる方法で細く見せるテクをマスターすれば、実際にダイエットしなくても、見た目ヤセは可能なんです！

撮影／山下拓史(f-me)、伊藤翔[P.118～119]　ヘアメイク／KITA[P.114～115]、五十嵐夕子(ともにNord)[P.118～119]、水流有沙(ADDICT_CASE)[P.116～117]　スタイリスト／都築茉莉枝(J styles)[P.118～119]

ヤセる！popteen Part10 サギヤセ編

Part 1 ＼デカい！／＼丸い！／＼長い！／＼ほお骨出てる！／ 顔型のお悩み別!! 小顔に

紗蘭チャン

左右にツヤを盛って気になるあごの長さを完全リセット♥

面長は横長ハイライトで縦幅を減らす！

顔の長さを削りながら、横のラインを強調していくことで、面長感を軽減。髪型もトップを盛ると縦幅を長くしちゃうから気をつけて！

Before

細長いリンカクは、縦幅さえごまかせれば、簡単に小顔化♪　左右に広げながら色をのせて。

Point　ハイライトは左右に広く
ハイライトを目の下に横長に塗ることで面長感をOFF。おでこに塗るときも、左右広めを意識。

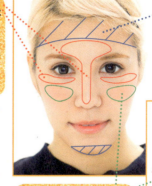

Point　シェーディングは上下のみ
おでことあご先を削って縦幅をごまかすよ。横幅は残したいので、サイドは塗らないで。

ちなみにヘアは　ボリュームUPであご下に重心を!!

Point　全体を巻いたらクッションブラシで逆毛を立てる。あご下の髪をふわふわに広げて！

Pointt　32mmのコテでMIX巻きに。サイドにボリュームが出るよう、しっかりカールをつけるよ。

Point　小鼻の横からだ円に広げる
チークは肌なじみのいい色を中央にだ円形にボカして。ここでも、縦に広げるのはNG！

ダイヤ型はほお骨をチークで隠す！

ほお骨が出ているダイヤ型のコは、出っぱりをなだらかにする、なじませベースメイクで、フェースラインを整えるのが大正解♪

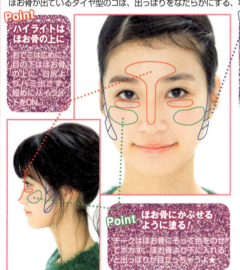

Point　ハイライトはほお骨の上に
おでこは広めに、目の下はほお骨の上に。目尻よりハミ出さず、短めにハイライトをON

Point　こめかみ下を縦に削る
上下に広げすぎず、こめかみの下を削るようにシェーディングパウダーの色をのせてね。

Before

顔自体は小さくても、ほお骨に視線が集中しちゃう。デコボコしてるとゴツく見えるよ！

Point　ほお骨にかぶせるように塗る！
チークはほお骨にそって色をのせてボカす。ほお骨より下に入れると出っぱりが目立っちゃうよ★

ちなみにヘアは　ルーズに下ろしてほお骨を隠す！

Point　顔まわりの後れ毛を38mmのコテで毛先を逃がしながら巻くのもポイント。ふわっとさせて。

Point　ポニーテールにしたら、サイドの髪を引き出して耳にかぶせてほお骨をカバー♪

シェーディングを広げすぎないことがダイヤ型フェースのコツ♪

メイク　ヘア　コーディネート　写メ

目の錯覚でも

ヤセ見えテクで1mm

をカバーするベストヘアアレ♥

気になる部分を隠したり、視線を外してごまかすことのできるベストなヘアアレンジを顔型のお悩み別にご紹介。ポイントを押さえて、コンプレックスを解消しながら見た目-2kgを実現♥

ツインツノだんご

高さを出して縦ラインを強調しつつ、顔まわりを隠せるツノだんごは丸顔にぴったり♥

つくり方

❶ 耳上の髪を左右で分け、片方ずつ結ぶ。おだんごが正面から見えるように前髪のすぐ後ろの高い位置で結ぶのがコツ。

❷ 結んだ毛束をねじり続けると丸まってくるので、高さを出しながら巻きつけてピンどめ。飾りゴムをつけたら完成。

てっぺんだんごで縦長効果GET！

サイドの髪をやや内側に残して小顔に

BACK SIDE

横幅を削って顔を縦長に見せる★ 丸顔カバーアレンジ

丸顔カバーのポイント

ほっぺの丸みをカバーするために、横に広がる髪型はNG。なるべく縦長のフォルムにまとめて！

シースルー前髪でおでこにヌケ感を出す

サイドの三つ編みで髪の広がりをガード

サイド細編み♥

髪が広がりやすいコは三つ編みでボリュームを抑えるとスッキリするよ！

SIDE

つくり方

❷ 前髪の厚みを半分にして、余分な前髪をピンでとめる。前髪は直線で分けず、ジグザグにすると自然に見えるよ。

❶ センターで分け、トップから細い三つ編みを左右にそれぞれつくる。毛先まで編んだらゴムで固定し、編み目をゆるめる。

縦より横にボリュームを出して！ 面長カバーアレンジ

面長カバーのポイント

細長いリンカクをカバーするには、髪を横に広げてカムフラージュ。逆に、高さは控えめに。

高め三つ編み

耳下の三つ編みだと面長が強調される(汗)！ 三つ編みは高めの位置でやるのがよき★

SIDE

つくり方

❷ きつめに三つ編みをつくり、毛先をゴムで固定。表面にハデぱっちんピンをつけると、アクセントになるよ♪

❶ 髪を左右に分け、耳のすぐ上でツインに結ぶ。面長さんの場合、トップはゆるめずタイトにまとめておくのがベスト。

カラフルピンでリンカクから目線を散らす

高めの三つ編みなら剛毛もまとまる♪

斜め前髪ゆるツイン

斜め前髪でおでこを隠して、リンカクの縦幅を視覚的にカット★

BACK

斜めに流した前髪でおでこを削る

ツインはあごより上で結んで目線UP

つくり方

❶ 分け目をボカし、ざっくり髪を左右に分けてツインにする。あごと耳の間で結び、根元を引き出してたるませる。

❷ 前髪を7:3に分け、眉毛の横でピンで固定する。ピンを押さえたまま前髪をたるませておでこを隠そう♪

116

Part 2 顔型のお悩み別！！コンプレックス

\丸い！/ \長い！/ \エラが張ってる！/ \あごが長い！/

エラ張りカバーアレンジ
サイドの髪で出っ張ったエラを隠す！

エラ張りカバーのポイント
耳を隠すヘアが鉄板なのでサイドの後れ毛は必須。ダウンヘアで縦ラインを強調するのも◎。

サイドくるりんぱ

ボリュームを左右非対称にすることで視覚的にリンカクをごまかす作戦★

つくり方

① 顔まわりの後れ毛を19mmのコテで内巻きにしてエラを隠す。くるりんぱした側にバレッタを横向きに装着してできあがり。

② サイドで1つ結びにして、結び目をくるりんぱする。ねじれた部分の毛束を軽くつまみ出してふっくらさせよう♪

顔まわりはこまかく巻いてリンカクをボカす
サイド寄せヘアでエラを目くらまし

ツインハーフアップ
髪がふくらみやすいコに◎。顔まわりの髪はリンカクにそわせて。

カラーピンでエラから目線を散らす
サイドの髪をまっすぐ下ろしてエラ隠し

つくり方

① 耳から下の髪を19mmのコテでMIX巻きにしてね。毛先に動きをつけることでエラをごまかす効果があるよ♪

② リンカクを隠す髪は残して、頭のハチの部分でツインのハーフアップにする。結んだ表面にピンをランダムにON。

三つ編みツインだんご
三つ編みおだんごは、まとまりにくい髪質のコに最適★

つくり方

① 耳の後ろでツインに結び、毛先まできつめの三つ編みにする。ゆるいとおだんごがくずれやすくなるので、強く編んでOK！

② 三つ編みの毛先を持って、ゴムに巻きつけるように丸めてピンどめ。高めにピンをつけて、さらに目線を散らそう★

BACK
あごの長さカバーにはサイドだんごが有効♪

あご長カバーアレンジ
飛び出たあごをヘアでごまかす♥

あご長カバーのポイント
ヘアの重心を耳より下に持ってきて、あごのまわりに髪を残すととんがったあごが目立たない！

古田愛理チャン
前髪にすき間をつくってヌケ感を出す
帽子+ツイストヘアで目線を外す

ねじねじツイスト

毛量が多いコは三つ編みよりツイストのほうがスッキリ見えるからオススメ！

つくり方

① 左右に分けた髪を2等分する。2本の毛束をそれぞれねじりながら交差させていき、毛先をゴムで結ぶよ。

② ゴムを片手で押さえながら表面の毛束を引き出してふっくらさせる。前髪を7:3に分けたら、帽子をかぶる。

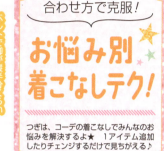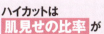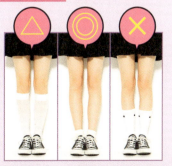

Part4 POPモデルのヤセ見え写メテク♥

\この企画のせいで細く見せようとしてるのバレるじゃん！ by POPモデルズ/

POPモデルのマル秘テクをリサーチした結果、いろいろ工夫をしていることが判明♥ 加工アプリに頼るまえに、自然にサギれるポーズの研究をしてみよう♪

鉄板ポーズは顔まわりに手をおくこと！

顔まわりに手をおいて、顔の大きさをごまかすのは、もはや常識!! こんなにバリエーションがあったよ♪

ナイキポーズ
フェースラインを隠す定番ポーズ！ あごにそわせるんじゃなく、かぶせるようにおいてね♪

髪でフェースラインをおおう
顔の見える範囲を極力小さくするためのワザ。首を傾けると自然と顔にかかっていいかんじ。

アップで撮って手で隠す
アップだと体に対する顔の大きさがわからなくなるから、多少顔が大きくてもバレずにごまかせる♥

そでで隠す
➡ボリュームのあるそでのトップスの日はこんなワザを使うのもあり♪ 服も見せられて一石二鳥♥

つぶして腕も入れる
腕も使えば隠せる範囲が倍増♥ アップで撮れば写メのほとんどが腕になって相対的にも小顔に★

あごピース
あごにピースを当ててリンカクを見せない!! 人さし指でこっそりお肉をあげてシュッと★

軽くほおプス
ピッタリ手をそわせるよりも、軽くすき間をつくったほうが影ができて細見え効果大!!

あっかんべーで引きしめ
キメ顔で舌を出すときは、口まわりの筋肉が使われるから、口角が上がってフェースラインもシャープになる★

指でほっぺの肉を軽く押し込むと、フェースラインが自然と内側に入って見えるから、顔が小さくなる!!

両手であごをはさむ
女のコっぽい印象になるポーズ。ギュッと押しすぎると顔の肉が強調されちゃうから注意して！

ポーズっぽく隠す
ただ顔を隠すよりもおしゃれ♥ 表情がポイントだから、モデルになりきってトライして。

小物を使ってごまかすのもアリ！

小物を取り入れるテクもご紹介♪ 狙ってる感なく、小顔に見せたいならコレ!!

小物をフェースラインにかける
手でリンカクを隠すテクの小物バージョン！ 使うアイテム次第で写真の印象が変わるよ♥

大きめアイテムを持つ
持っているものに比べて顔が小さくなるから、もとから小顔に見える。簡単なのに効果絶大！

可愛い小物を持つ
お花など、可愛いアイテムで写メの可愛さを格上げしつつ、目線を外させてサギろう♥

マスクであご隠し
マスクをズラしてリンカクを隠す、小顔見せテク。花粉の季節や冬にも有効だね♪

角度にもこだわりを持っていた！

人によって細く見える角度は違う！ 盛れる角度と同様に研究を重ねるべし!!

ほのぼぴは斜め横から！
「髪の毛が自然にかかるから斜めが多い。息をヒュッと吸った瞬間に撮ったりもする」(ほのか)

のあにゃんは下めから！
「下から撮っておしゃれ感を出しつつ小顔に。あごがシュッと見える角度を見つけた♥」(乃愛)

ちゃんえなは上から！
「ありえへんくらい上から撮る(笑)。上目づかいになって盛れるし、顔も小さく見えるよ」(恵那)

目の錯覚を利用してヤセ見せ！

目の錯覚を利用した、遠近法や大きいものとの対比で小さく見せるテクも満載！

ボリュームヘアで小顔化
ポーズをとってボリューム感をUPさせれば、顔の面積がさらに減って顔が小さく見える。

背景をあえて入れる
このポーズをするには手を思いっきり伸ばす必要アリ(笑)。背景に目をやってごまかす作戦♪

手を前に出す
前に出した手との遠近法で顔を小さく見せるテク。ピースやバーなどでこなれ感を出そう♪

ビッグサイズの服を着る
大きめの服は、体のラインがごまかせるうえに、服に対して顔が小さく見えるダブル効果が♥

全身写真はポーズも重要！

全身写真はバランスが大事！ 脚は、ポーズや撮り方で細く&長く見せられる♥

あえて太ももでトリミング
脚の太さが気になるコは太もものあたりできっちゃえばOK。実際よりも細く見えちゃう★

軽く力を抜いて脚クロス
下から撮るのは脚見せの基本。力を抜いたほうが、脚の筋肉がムキッとならず、細くなるよ。

脚を前に出して重心を後ろに
脚を長く見せたいならこのポーズ！ 外で撮ると、脚に太陽の光が当たって美白効果も♥

120

ダイエットシートを書くとこんないいことが！

ダイエットをポジティブにがんばれる
毎日小さな目標を達成しながら続けられるから、手ごたえを感じられて前向きにできる。

読み返すとモチベーションがあがる
続けることで、まえよりもできていることが増えるはず♥成長を感じてやる気も増す！

記録することで自分を客観視できる
食事や運動の量を書き出すことで、食べてないつもり、的なカン違いに気づけるよ！

ダイエットシートの書き方！

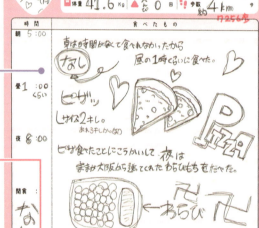

- **日にちを書くよ！**
- **きょうの体重や体調をメモ！** 体重や排便の回数などをメモ。歩数はスマホの〝ヘルスケア〟をチェックすればすぐにわかるよ♪
- **食べた時間とものを書くよ！** 食べすぎた日も自分にウソをつかずに、間食まできちんと書くこと！ 食べた量まで詳しく書くのがベスト。
- **マッサージをやったらここに記入。** 食事制限などきょうがんばれたことも書こう。
- **ちなみにこのノートは** **ほのぱび** のもの！「イラストも描いたよ♥毎日書けば、体型や体質の変化に気づけるから、意識が変わりそう!!」
- **ながら運動や通学中の歩きも含め、自分が動いた！と思う行動をすべて書こう。**
- **できなかったことやうっかりやらかしてしまったことを記入。** 自分を見つめ直せば同じ失敗をしないはず！
- **前日のシートに書いた目標をどのくらい達成できたか振り返ってみよう。**
- **あしたの目標を書こう！** ちょっとがんばれば実現できそうな目標をたてるのがポイント。3kgヤセる、みたいなムチャな目標は問題外！

絶賛ダイエット中！ なちょすもやってみた！

- イベントで何もできなかった。栄養をちゃんととろうと意識すると、意外と難しい!!
- まえの日に決めた〝ウオーキング〟。ちゃんとできた。毎日振り返ることって大事やな！
- 私的にはバランスよく食べられたし、運動もしてますな日。しっかり寝られた♥

ダイエットを成功させるには、現状をしっかり把握して自分と向き合うのも大切。〝実際にどのくらい食べているのか〟、まずは1週間記録してみよう。いままで気づかなかった問題点が見えてくるはず！

ダイエットで重要なのは自分と向き合うこと!!
モデルのシートも大公開!!
ダイエットシートを書いてヤセマインドになろう!!

ヤセる! **Popteen** Part11 マインド編

コピーして
使ってね! **POP式ダイエットシート**

このページをコピーするもよし、この
内容をノートに書き写して自己流にす
るもよし♥ 自分なりに活用してね!

( )

☀ 起床 ：　　　　★睡眠時間　　時間　シャワーのみ・風呂　　分

📕 体重　　Kg　💩　回　👣 歩数　　歩

時　間	食　べ　た　も　の
朝　：	
昼　：	
夜　：	
間食　：	

♥ ダイエットのためにがんばったこと

♥ きょうやった運動

♥ 今日の反省

♥ きょうの目標　♥ 目標 達成率　　%

あしたの
目標

「がんばるのはいいことだけど、焦って始めるより、ふだんから意識していい状態をキープできればいいのにとは思う!」

自業自得だー!
自分に活入れて
がんばれ!

ストイックだからこそまわりにも厳しいPOPキング

中島健

ときには厳しく、ときにはやさしく♥
イケメンたちが応援します!!

メンズモデルから
ダイエットをがんばる女のコへ
メッセージ♥

POPのメンズモデルもがんばる女のコたちをサポート★ ちょっと厳しいSタイプから甘やかしまくる砂糖対応まで、多彩なイケメンたちからひと言!!

撮影/中村完(f-me)[P.124]、堤博之[P.125]

From men's model

ヤせる！popteen Part11 マインド編

For fighting girls

じつはすべて計算済み!? あざとい系メンズ代表

本田響矢

「ひとつのことに一生懸命になってるコにひかれるから、ダイエットをがんばるのもすごくいいと思う！ 自分も刺激を受けるよ!!」

あきらめずに、信じてがんばって！でも心配だからムリしちゃだめだよ!!

ヤセれば、人生が変わる。応援してます!!!

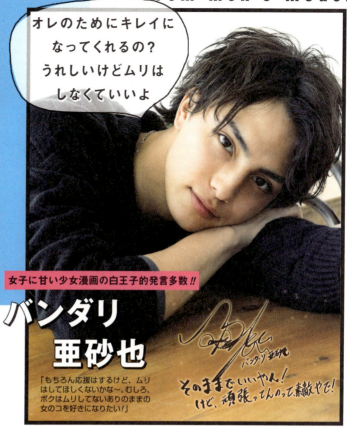

オレのためにキレイになってくれるの？うれしいけどムリはしなくていいよ

女子に甘い少女漫画の白王子的発言多数!!

バンダリ 亜砂也

「もちろん応援はするけど、ムリはしてほしくないかな〜。むしろ、ボクはムリしてないありのままの女のコを好きになりたい！」

そのままでいいやん！けど、頑張ってるのって素敵やで！

ちょっぴり小悪魔な やんちゃ系同級生男子

高橋文哉

「一度やると決めたのにあきらめるのはカッコ悪い。やると決めたなら、目標に向かってがんばれ!! ヤセたらもっと可愛くなるよ」

目標体重下回ったら、焼き肉おごってやるよ（笑）

痩せようとしてる女のコは可愛い！fight♪

一生懸命がんばったら結果は出るよ！がんばったらごほうびあげる（チュー♥）

好きなコにはいちずで 尽くす紳士的な性格♪

那須泰斗

「食生活に気を使ったり、ジムに通って運動したり…ダイエットって大変なのに、たくさんのことを努力しててえらいなって思う」

女子よがんばってヤセてみな！モテモテになるで

ガマンするのがつらくなったとき、自分を甘やかしたくなったとき、くじけそうになったとき…
きっとこの言葉があなたを支えてくれる♡

モチベがあがる ダイエット 20の格言

ダイエット成功へのカギはモチベーションをキープすること。ダイエットをやめたくなったら、この格言を思い出して、前向きに続けよう!!

1. 努力はすればするほど自分に幸せを運んできてくれる✨

2. 毎日の目標はきのうの私よりも可愛くなること♡ 毎日、自分史上"最高可愛い"を更新!

3. あきらめたら終わり。努力あるのみ!

4. 人って続けるのがいちばん難しい。でも続けたぶんだけ、毎日がキラキラするためにいちばん大切な「自信」になって返ってくる!

5. 自分のことを好きになるためにキレイのための努力を続けたい♪

6. "そのうちヤセる"ことはない!

7. すべてをいますぐするのはムリ。だからといって1つもしないのはただ甘えてるだけ。

撮影/伊藤翔　ヘアメイク/齊尾千明(Lila)　スタイリスト/都築茉莉枝(J styles)　※衣装はすべてスタイリスト私物です。

xoxo...♥

Tシャツ¥7020／Ai pink、水着¥17280／Ai blue(ともに三愛水着楽園) ピアス、リングセット各¥2149／ともにジェイダ渋谷109店

ヤせる！Popteen
10代ダイエットのすべて

Popteen編集部・編
2018年5月8日　第1刷発行

発行者　角川春樹
発行所　角川春樹事務所
〒102-0074　東京都千代田区九段南2の1の30
イタリア文化会館ビル5階
☎03-3263-7769（編集部）
☎03-3263-5881（営業）
印刷・製本　凸版印刷株式会社

本書には月刊「Popteen」2016年6月号〜2018年4月号に掲載された記事を一部再編集して収録してあります。
本書を無断で複写複製することは、法律で認められた場合を除き、著作権の侵害となります。万一、落丁乱丁のある場合は送料小社負担でお取り替え致します。小社宛にお送りください。定価はカバーに表示してあります。
ISBN978-4-7584-1321-3
©2018角川春樹事務所　Printed in Japan
本書に関するご意見、ご感想をメールでお寄せいただく場合はinfo@galspop.jpまで。

STAFF

編集／太田綾乃

【カバー】
撮影／伊藤翔
ヘアメイク／YUZUKO
スタイリング／都築茉莉枝(J styles)
デザイン／栄山博貴(Flamingo Studio)
モデル／池田美優

【本文】
デザイン／栄山博貴、佐藤ちひろ、伏見藍(以上Flamingo Studio)、市原茂幸[P.26〜33、P.114〜120]、FLY[P.82〜94]

［協力店リスト］

R&E
☎03-3477-5016

アンビー
☎03-3477-5082

ウィゴー
☎03-5784-5505

クレアーズ 原宿駅前店
☎03-5785-1605

グレイル
☎06-6532-2211

三愛水着楽園
☎0120-834-131

ジェイダ渋谷109店
☎03-3477-5166

マルイ広報室
☎03-3384-0101

※本書に掲載している情報は2018年5月時点のものです。情報は変更になる可能性があります。過度な減量はせず、健康に注意してダイエットを行ないましょう。